Daniel R. Kupfer

Formenanalyse des absoluten Geistes

Kunst, Religion und Philosophie bei G.W.F. Hegel

Diplomica Verlag GmbH

Kupfer, Daniel R.: Formenanalyse des absoluten Geistes. Kunst, Religion und Philosophie bei G.W.F. Hegel, Hamburg, Diplomica Verlag GmbH 2017

Buch-ISBN: 978-3-96146-509-5
PDF-eBook-ISBN: 978-3-96146-009-0
Druck/Herstellung: Diplomica® Verlag GmbH, Hamburg, 2017

Bibliografische Information der Deutschen Nationalbibliothek:
Die Deutsche Nationalbibliothek verzeichnet diese Publikation in der Deutschen Nationalbibliografie; detaillierte bibliografische Daten sind im Internet über http://dnb.d-nb.de abrufbar.

© Diplomica Verlag GmbH
Hermannstal 119k, 22119 Hamburg
http://www.diplomica-verlag.de, Hamburg 2017
Printed in Germany

INHALTSVERZEICHNIS

Einleitung

Das Hauptziel dieser Arbeit ist die Beantwortung der Frage: Was ist der absolute Geist? Die Antwort verlangt eine Analyse und Interpretation der Formen des absoluten Geistes im Werk von G.W.F. Hegel, wobei in dieser Arbeit die entsprechenden Passagen[1] aus der Enzyklopädie der philosophischen Wissenschaften (Dritter Teil; Die Philosophie des Geistes) der Quell- oder Primärtext sein soll. Weitere Texte Hegels werden bei Bedarf, z.B. im Falle von Unklarheiten, die sich aufgrund der dichten und zusammenfassenden Form der Enzyklopädie ergeben könnten, hinzugezogen. Dieser Text ist aufgrund seiner Klarheit, Präzision und auch aufgrund weiterer strategischer und methodischer Überlegungen für die Beantwortung der zentralen Frage dieser Arbeit besonders geeignet.

Zur Interpretation und Erschließung dieses Stoffes wird in besonderem Maße die Einführung[2] in Hegels Philosophie von Charles Taylor herangezogen, da diese in einfacher Sprache einen Einstieg zu diesem schwierigen und komplexen Thema ermöglicht. Das hat zwei entscheidende Vorteile: Zum einen hat der Einstieg über Taylor eine orientierende und retardierende Funktion, zum andern kann an Taylors Perspektive, in einem zweiten, durchaus kritischen und die Sache weiterführenden Schritt, mit weiterführenden und alternativen Interpretationen angesetzt werden.

Eigene bisherige Versuche, mit ähnlich komplexen und dichten Themen möglichst erfolgreich und transparent zu arbeiten, haben gezeigt, dass es sehr sinnvoll ist, sich solch einen Ausgangspunkt zu schaffen, von dem aus man in einem zweiten Schritt in dialektischer, kritischer oder spekulativer Manier weiter vorankommen kann, auch damit sich das eigene Denken nicht an jedem strittigen Punkt schon in allzu viele Querverweise und Ausführungen des Stoffes verstrickt. Also bremst Taylors Perspektive auf die Formen des absoluten Geistes zunächst den eigenen spekulativen und kritischen Impuls, um diesen hernach und in einem zweiten Schritt zu ermöglichen und zu motivieren.

---

1 G.W.F. Hegel, Enzyklopädie III, S. 366 – 394.
2 Taylor, Hegel, S. 607 – 701.

Die weiterführenden Gedanken und die angedachte Kritik an Taylors Perspektive werden überwiegend dem eigenen Verständnis des Primärstoffes folgen. Es wird an geeigneten Stellen die entsprechende Literatur[3] Prof. Dr. Stekeler-Weithofers hinzugezogen, nämlich nach Möglichkeit immer da, wo Taylor, nicht zuletzt im Sinne einer analytischen Leseweise Hegels, zu einfach oder unvollständig erklärt. Das erste Kapitel[4] aus Stekeler-Weithofers Werk zur Philosophie des Selbstbewusstseins wird im dritten Teil dieser Arbeit, nämlich zur Philosophie als Form des absoluten Geistes, als für diese Arbeit richtungsweisend und zielführend herangezogen und ausgewiesen. Auf diese Weise wird der Versuch unternommen, bei der nun zweifach abgestuften Beantwortung der Ausgangsfrage, auch eine komplexe und aktuelle Position miteinzubeziehen.

Die besondere Herausforderung beim Schreiben wird dabei sein, die verschiedenen Positionen klar erkenntlich darzustellen und einen eigenen Kommentar um diese herum zu formulieren, der sich begründet und erkennbar mal dieser und mal jener Seite anschließt oder an Kritik übt. Die Methodenreflexion hört also nicht nach der Einleitung oder der Vorarbeit auf, sondern begleitet aktiv den Schreibvorgang.

Eine weitere Einteilung der Arbeitsschritte bzw. der Kapitel, die der Beantwortung der Frage nach dem was der absolute Geist bei Hegel ist, vorausgehen, folgt aus der Struktur des Primärtextes selbst. Der unterteilt sich im dritten und letzten Kapitel[5] der Enzyklopädie in drei Unterkapitel auf, die freilich dem systematischen Ansatz Hegels folgen. Es wird demzufolge zuerst die Form oder der Begriff der Kunst, dann die Religion und zuletzt die Philosophie untersucht, wobei Analyse und Querverweise dem Inhalt folgen. Es wird also vorgegriffen und reflektiert, auch wenn eine endgültige Verhältnisbestimmung der Formen des absoluten Geistes erst zum Schluss dieser Arbeit erfolgt, und zwar als Vorbereitung auf die Antwort nach der Leitfrage, was denn nun der absolute Geist sei. Eine wichtige Bemerkung zur Methode und Struktur dieser Arbeit: Zwar wird hier eine Folge der Problembehandlung angezeigt und auch gibt es ein Nacheinander der

---

3 Stekeler-Weithofer, Philosophie des Selbstbewusstseins, Suhrkamp 2005.
4 Ebenda, S. 43 – 55.
5 Bei Hegel heißt es genau: „Dritte Abteilung: Der absolute Geist".

Formenanalysen des absoluten Geistes, dennoch wird es zahlreiche vor- und zurückgreifende Kommentare und Verweise geben, einfach weil die Komplexität, formale und inhaltliche Verwobenheit der Sache dies verlangt.

Über den Sinn, Zweck und Nutzen einer solchen Arbeit gibt es sehr viel zu sagen, aber hier soll das nur kurz und knapp geschehen, weil sonst zu viele Inhalte und mögliche Ergebnisse in abstrakter Weise vorweggenommen wären. Die Frage nach dem absoluten Geist ist eine Herausforderung, die einigen Reiz aufgrund ihrer Komplexität und Vielschichtigkeit verspricht. Außerdem ist Hegel mit diesen Inhalten und Fragen selbst an einer Art Ziel seines Denkens angekommen, ob dieses nun statisch ist oder nicht, bleibt zunächst offen. Es ist zudem so, dass die Reflexion auf die Formen und Praxen der Menschen, die sich mit dem Absoluten befassen, sehr reizvoll sind, weil dieses Philosophieren Übersicht und Überblick über diese verschafft. Dieses spekulative Nachdenken hat eine enorm wichtige Orientierungsfunktion für den Menschen und es entsteht m.E. ein großer geistiger und auch weltlicher Schaden, wenn diese Orientierungsfunktion nicht durch philosophische Reflexion, sondern durch dogmatische Welt- und Menschenbilder ersetzt und so mangelhaft realisiert wird. Das Selbstwissen oder Selbstbewusstsein des Menschen wird durch die spekulative Philosophie entdeckt, weiterentwickelt und vollendet. Es ist auch fraglich, ob man überhaupt um diese Welt- und Selbstbildfragen herumkommt, auch wenn man das behauptet. Auch darum befasst sich diese Arbeit mit der Frage nach dem Wesen und Topos des absoluten Geistes.

1. Der absolute Geist in der Kunst

Taylor legt den Schwerpunkt seiner Betrachtungen zunächst auf die Abgrenzung des absoluten Geistes vom objektiven Geist, der als Staat und Gesamtheit der Strukturen des objektiven Geistes zwar die höchste Form menschlichen Zusammenlebens darstellt, aber eben noch nicht die höchste Stufe des Geistes bildet.[6] Die höchste Stufe des Geistes geht über den Staat hinaus und soll absolut in einem gewissen Sinne sein. Taylor sucht nach einer Bewusstseinsform, die aufs Ganze oder aufs Absolute als Grundlage der Dinge geht. Wenn Taylor dann sagt, dass der absolute Geist das Sichselbstwissen Gottes durch den Menschen ist, dann meint er mit „absolut" diese höchste und letzte Verwirklichung des Geistes. Er belegt das mit einem Hegelzitat[7] aus der Phänomenologie des Geistes, nach dem das Absolute wesentlich Resultat sei. Dieser Einstieg soll nur ein kleines Vorwort zur inhaltlichen Konzentration auf die Formen der Kunst sein, um etwas im Sinne dieser Arbeit wichtiges anzuzeigen. Nämlich die Frage nach dem Ort des absoluten Geistes, die bei Taylor, vielleicht mit oder gerade gegen Hegel, ein wenig unklar bleibt. Wenn nämlich der absolute Geist das Sichselbstwissen Gottes durch den Menschen ist, so deutet das an, dass da ein dem Menschen externer Gott sei, der den Menschen als Mittel benutzt, um sein Selbstwissen zu vollenden. Jedenfalls kann man Hegel scheinbar so lesen und Taylor positioniert sich hier vorerst als ein solcher Leser. Diese Arbeit will eine etwas andere Lesart vorschlagen, die vielleicht mit „kritisch", „pragmatisch" oder „antropo-zentrisch" betitelt werden könnte. Was ist damit gemeint? Wenn Sätze oder Gedanken einen Gott als dem Menschen und seiner Kultur externes Ding oder Kraft behaupten und ausdrücken wollen, dann würde gerade mit der hier vorgeschlagenen Lesart Hegels ein Problem entstehen, da sie versucht ist, gerade solche Ideen wie die von Gott, als dem Menschen und seiner Kultur immanente Inhalte zu begreifen. Auf unseren Beispielgedanken angewendet hieße das in etwa, dass der Mensch, in seinem vollendeten Selbstwissen, sich als Mensch und Gott zugleich weiß. Das göttliche im

---

6 Vgl. dazu: Taylor, Hegel, S. 607.
7 G.W.F. Hegel, Phänomenologie des Geistes, S. 24.

Menschen ist das voll entfaltete Selbstwissen oder das vollendete Selbstbewusstsein des Menschen, der seine Welt wissend durchdrungen und in Geist und Bildung aufgehoben hat. Ganz grob und nur als erster Versuch soll das die Art und Weise sein, wie die Paragraphen 553, 554 und 555 der Enzyklopädie, zumindest von der Denkrichtung her, zu deuten wären. Ebenso auf den Menschen zurückgebogen und angewendet, wäre das von Taylor zitierte „Sichselbstwissen des Geistes"[8], als eine vollendete Selbsterkenntnis zu begreifen, wobei „vollendet" hier auch nur „wahr" und „richtig" im Sinne von „nicht verkürzt" meint.

Taylor betont, dass der absolute Geist die drei Stufen (Kunst, Religion und Philosophie) in einer Reihenfolge aufsteigender Adäquanz durchläuft und betont zugleich, dass die Entwicklung des Staates und die des absoluten Geistes ineinander verschlungen sind.[9] Damit zeigt Taylor an, dass diese drei Formen nicht wie Stufen auf einer Treppe zu denken sind, sondern als Vervollständigungen oder Ergänzungen zueinander, die jedoch aufsteigend einen gewissen Zugewinn an Selbsttransparenz versprechen. Der Staat und die Formen des objektiven Geistes, die hier nicht Thema sind, sind ebenfalls nicht unabhängig vom absoluten Geist zu denken, was bei der Frage nach der „Art der Absolutheit" eine Rolle spielen wird. Es stellt sich also die Frage, in welcher Weise die Formen des absoluten Geistes zueinander stehen, als auch die Frage, inwiefern sie überhaupt absolut[10] sind. Schaut man sich den Quelltext, also die Paragraphen zur Kunst bei Hegel überblicksartig an, so wird schnell klar, wie eng diese auf die nächste Form des absoluten Geistes verweisen.[11] Außerdem sind diese Beschreibungen als Kunstformen durch Hegel selber von philosophischer Natur, also gehören sie als begriffliche Reflexionen zur vollenden Form des absoluten Geistes, ihr Inhalt zielt aber auf die Realformen der Kunst, die nur Momente des Geistes sind. Es wird sich sicherlich noch zeigen, ob Taylor möglicherweise ein wenig zu sehr das Nebeneinander und Nacheinander dieser Formen zuungunsten ihrer wesentlichen Verbundenheit hervorhebt.

---

8 Taylor, Hegel, S. 607.
9 Ebenda, S. 608.
10 Der Begriff „absolut", hier eine Eigenschaft des Geistes, kann u.a. die divergenten Bedeutungen von: fixiert, fest, unabhängig, frei und losgelöst annehmen.
11 G.W.F. Hegel, Enzyklopädie, S. 367 – 372.

1.1. Die Perspektive Charles Taylors

Taylor selbst macht innerhalb seiner Interpretation der Kunst als Form oder Gestalt des absoluten Geistes immer wieder Vor- und Rückgriffe auf die jeweils anderen Formen des Geistes und der philosophischen Tradition, was nicht verwundert, will auch er doch dem Leser seiner Einleitung zuerst eine grobe Orientierung im sehr komplexen Stoff verschaffen. So verortet Taylor Hegels Denken zugleich historisch, während er dessen Begriffssystem über werkimmanente Verweise erklärt. Es wird ein Ziel der Beschäftigung mit der Perspektive Taylors sein, zu zeigen, dass Taylor im letzten Absatz seiner Interpretation ein zu Teilen falsches Urteil über Hegels philosophischen Verstand fällt.[12]

Es soll hier nicht im Detail nachgezeichnet werden, auf welchen Wegen Taylor sich das Hegelsche Denken erschließt, aber es soll eine Skizze dieses Ansatzes angefertigt werden, die dann in ein Verhältnis zu anderen möglichen Perspektiven gebracht werden kann. Wenn dieses Verhältnis oder die sich anschließende Kritik zu abstrakt oder zu grob erscheint, so ist darauf verwiesen, dass Taylor selbst seine komplexen Ausführungen zu knappen Ergebnissen und eben Hegelkritiken zusammenfasst, wie noch zu zeigen sein wird. Im Prinzip ist so die sich anschließende Kritik eine Kritik an einer Lesart des Hegelstoffes, die mit überzogenen Vorstellungen von Exaktheit und mit einem zu engen Verständnis der Abfolge der Geistesstufen einhergeht.

Taylor stellt zunächst die Transparenz des Denkens, welche der Philosophie[13] wesentlich ist, dem Bereich der bloßen Vorstellungen gegenüber, welche er dem religiösen Bereich und dem „Denken" in Bildern zuordnet, gegenüber. [14] Dem vorangegangen ist eine Kritik der Ideale von Klarheit und Selbsttransparenz in der Hegelschen Philosophie, die bereits andeutet, welche eigenen Maßstäbe Taylor an dieses Denken heranträgt. Der Kritik Hegels an der Beschränktheit und

---

12 Vgl. dazu: Taylor, Hegel, S. 628.
13 Gemeint ist jene Philosophie des Deutschen Idealismus, die sich das Denken des Denkens zur Aufgabe gemacht hat. Genauer, die Philosophie Hegels, die das voll entfaltete Selbstbewusstsein und Selbstwissen, oder eben das spekulative Denken als wesentliche Denkform für sich reklamiert.
14 Vgl. dazu: Taylor, Hegel, S. 619.

Unzulänglichkeit dieser Bilder schließt sich Taylor zunächst an und wenn er dann gegen Ende seines Kapitels Hegels Kunstverständnis kritisiert, so scheint er diesen Mangel der Kunst vergessen zu haben, oder er wendet ihn schlicht nicht mehr auf seinen Standpunkt bzw. seine Aussage an. Dazu mehr in der sich anschließenden Kritik. Zugutehalten muss man Taylor, dass er der Verwobenheit und Komplexität der Gedankenführung Hegels folgt, indem er die Verendlichung und Bildwerdung des Denkens in der Kunst stets eng an die Form der Religion anbindet.[15] Bei Hegel wird, neben zahlreichen Querverweisen auf die religiösen Momente in der Kunst, auch die schöne Kunst selber, wie die ihr inhärente und noch unvollkommene Religion, so beschrieben, dass sie ihre Zukunft in der „wahrhaften Religion" habe.[16] Zurück zum Vorwurf Taylors gegen Hegel, dass Hegel die Rolle der Kunst beim modernen Menschen falsch oder unzureichend eingeschätzt hätte, was ihm als Zeichen dafür gilt, wie weit wir uns heute aus dem Bereich der Hegelschen Synthese entfernt hätten.[17] Dieser Vorwurf ist hochinteressant, weil er es erlaubt, die hier vorgestellte Lesart Hegels gegen die Lesart Taylors abzusetzen, und weil der Vorwurf in seinen Konsequenzen bzw. in seiner Kritikwürdigkeit eng mit der Fragestellung dieser Arbeit verbunden ist. Aber worin besteht nun Taylors Kritik genau? Taylor behauptet, dass die Kunst, die Rolle der Religion, als den höchsten Ausdruck dessen was von Bedeutung sei und als ein lebendiges Zeugnis menschlicher Tätigkeit, angesehen wird. Vereinfacht ausgedrückt: Die Kunst hätte also die Religion in ihrer Funktion absoluter Sinngebung abgelöst, wo doch nach Hegel (nach Taylors Hegellesart) die Religion bzw. die Philosophie an dieser Stelle hätte stehen müssen. Taylor selber spricht davon, dass dieser Sachverhalt von den Menschen „so angesehen" wird, was zunächst doch wohl einräumt, dass dieses Ansehen ja nur eine Meinung, zumindest aber dem Begriff nach eben kein Begreifen ist. Wenn sich nun aber diese Kunst als höchster und absoluter Sinnzusammenhang ausweisen will, so müsste sie dies in Begriffen und systematisch tun und wäre selber wieder ins Philosophieren übergegangen. Tut sie

---

15 Vgl. dazu: Taylor, Hegel, S. 610 ff.
16 G.W.F. Hegel, Enzyklopädie III, S. 372.
17 Vgl. dazu: Taylor, Hegel, S. 628.

es als Kunst in Kunstwerken, fällt sie augenblicklich ins Hegelsche System zurück, als Stückwerk, als Anschauung, die zwar schön, aber der Form nach nicht den vollen Begriff des Geistes realisieren kann. Taylor scheitert m.E. mit dieser Kritik an Hegel, weil er die grundsätzliche Logik dieser Zusammenhänge mit einer historischen Entwicklung und einer exakten Vorhersage vermischt. Selbst wenn die Kunstwerke als höchster und absoluter Zweck ausgeführt und vielleicht angebetet und verehrt würden, wäre ein Verstehen dieses Tuns und dieser Handlungsweisen eine Aufgabe der Philosophie und nur in einem philosophisch und begrifflich erschlossenen Kontext könnten diese Handlungsweisen für die handelnden Personen selber verständlich sein. Zur Verehrung von heiligen Objekten und der Frage nach der Freiheit und der Kraft der Reflexion aber später mehr.

1.2. Die Frage nach dem Absoluten in der Kunst

Für unsere Frage nach dem was der absolute Geist sei, ist die Frage nach dem was das Absolute in der Kunst sei wichtig, weil diese Überlegungen dabei helfen werden, die Stärken und den Mangel jener ersten Form des absoluten Geistes in Relation zu der voll entwickelten Form des absoluten Geistes zu begreifen. Das Verhältnis von Kunst, Religion und Philosophie soll bestimmt werden, weil darin der Schlüssel zur Beantwortung der Hauptfrage vermutet wird.

Wenn nun aber erst die Philosophie die synthetische (oder umfassende und diese übersteigende) Einheit der beiden vorangegangenen Formen des absoluten Geistes realisiert, wie Hegel es in § 572 ausspricht, dann darf trotzdem in Bezug auf die Frage nach dem was der absolute Geist sei, nicht direkt und unmittelbar zu dieser fortgegangen werden. Die Stufen oder Formen des Geistes sollen dem Ansatz dieser Arbeit nach als verschiedene Versuche des Geistes betrachtet werden, zu seiner Bestform zu gelangen, die ein vollentwickeltes Selbstbewusstsein ist. Der Geist ist dabei in der Bildung und im Selbstwissen des einzelnen Menschen präsent, insofern dieser seine Kultur, Geschichte und die Frage nach dem Wesen des Menschen reflektiert hat. Die Kunst spielt dabei die Rolle eines Verortungsversuches des Menschen in der Welt, oder widerspiegelt sein Verhältnis zu Gott. Logisch umformuliert: Das Verhältnis des Einzelnen zum Allgemeinen. Versuch bleibt diese Tätigkeit, weil sie die ihrem Ziel voll entsprechende und angemessene Form nicht findet.

Hegel spricht im § 558 davon, dass die Gestaltungen in der Kunst am höchsten und wahrhaftesten sind, wenn sie auf den Menschen (oder die Idee vom Menschen) abzielen, wobei er vorher betont, dass es auf den Ausdruck des geistigen Gehaltes der Naturformen ankäme. Hier wird klar, dass es Hegel in der Kunst als einer Form des absoluten Geistes nicht auf die bloße Nachahmung der Natur ankommt, sondern auf eine Darstellung wesentlicher und ausgesuchter Formen und Ideen, die den Menschen als geistiges Wesen zum Gegenstand haben. Überhaupt ist so das Schöne bei Hegel wesentlich eine Sache das Geistes und nicht das einer ursprünglichen Natur, die es nun nur noch besonders kunstvoll und kunstfertig abzubilden gälte.

Das Kunstschöne steht bei Hegel um so viel höher als das Naturschöne, als eben der Geist höher steht als die Natur.[18] Es gibt hier freilich keinen platten Dualismus zwischen „Naturschönem" und „Geistschönem", aber es gilt wohl, was bei Hegel ganz allgemein gilt: Dass nämlich der Geist sich durch die Natur hindurch verwirklicht, und zwar so, dass im Menschen die Natur zum Geist und Selbstbewusstsein kommt. Hegel selber scheint an diesen Stellen gar nicht zu bemerken, oder es zumindest nicht in den Fokus seiner Reflexion zu nehmen, dass doch auch das „Naturschöne", nur dasjenige Schöne ist und sein kann, was der Mensch an Schönheit in die Naturformen hineindenkt. Kurz: Die Redeweise vom „Naturschönen" setzt bereits, wenn sie einen Sinn haben soll, eine Ästhetik und normative Bewertung des Menschen voraus und kann nicht einfach „gegeben" sein. Aber zurück zur Kunst als einer noch näher zu bestimmenden mangelhaft realisierten Form des absoluten Geistes: Ein wichtiger Punkt für die Überlegungen zur Bruchstückhaftigkeit und Einzelheit der Werke der Kunst ist in § 559 enthalten. Da wird von Hegel konstatiert, dass der absolute Geist in seiner Einzelheit des Gestaltens nicht explizit werden kann. Daraus kann man aber zumindest ableiten, dass er (der absolute Geist) diesen Gestalten dennoch irgendwie implizit ist. Was aber soll die Rede von „implizitem absoluten Geist" bedeuten? Eine Antwortmöglichkeit wäre wohl, dass man dem Versuch der Schöpfung oder Schaffung des Kunstwerkes und der Realisierung selbst eine Art von besonderem Ziel oder eine besondere Motivation zuschreibt. Inhalt dieser Motivation wäre, das Absolute, oder das Verhältnis des Menschen zum Absoluten, richtig abzubilden. Das muss aber notwendig scheitern, da das Medium der Kunst, bzw. die Einzelheit der Werke, im Widerspruch mit der Form des Geistigen (im Modus der Sichselbstgleichheit) steht, die am Begriff und als System - also in der Form der Philosophie - mit dem Inhalte des Absoluten sich erst zeigen bzw. realisieren kann. Hegel schreibt in § 559, dass das Bild mit seinem beschränkten Inhalt überhaupt erst durch die Durchdringung des Geistigen dennoch als Schön erkannt wird.[19] Das

18 G.W.F. Hegel, Ästhetik, S. 13 f.
19 Vgl. dazu: G.W.F. Hegel, Enzyklopädie III, S. 369.

funktioniert m.E. darum, weil der gebildete Betrachter von den mannigfaltigen Beschränkungen des konkreten Inhalts absehen oder abstrahieren kann und die Idee des Schönen, das im Bild ausgedrückte Ideal, dennoch herauszulesen vermag. Man könnte vielleicht vereinfacht und mit Platon sagen, dass die Idee des Schönen im Abbild erkannt wird. Das Absolute ist also in der Kunst eine zeitlose oder überzeitliche Idee von der Schönheit und Ideen haben ihren Ort in den Idealen und Vorstellungen der Menschen, was den Bezug zum Absoluten in der Kunst, in anthropozentrischer und sinnkritischer Weise gewendet, als den zutiefst menschlichen Versuch ausweist, sich in ein Verhältnis zum Allgemeinen, zum Zeitlosen, oder zu Gott, zu setzen. Dieses Verhältnis ist also wesentlich ein später noch näher zu bestimmendes Selbstverhältnis des Menschen. Das aber dann auch zu wissen, zu begreifen und selbstbewusst auszuformulieren, ist nicht Sache dieser Kunst, sondern ist bereits der absolute Geist in Form der Philosophie, die so zu einer Philosophie des richtigen oder vollendeten Selbstbewusstseins oder Selbstverstehens wird.

1.3. Der Übergang zur Religion: Die Kunst und ihre Götter

Nun soll untersucht werden, was die Rede vom Kunstwerk als der Ausdruck eines Gottes, oder als Ausdruck einer allgemeinen Idee des Schönen bedeuten kann. Hegel spricht im Zusammenhang mit der Kunst als Form des absoluten Geistes immer wieder vom Verhältnis des Künstlers zu Gott und besonders explizit tut er das in den Paragraphen 560 und 561, die jetzt thematisiert werden sollen. Es schließt sich bei Hegel dann unmittelbar der Übergang zur Religion an, was diese Paragraphen und die beiden letzten dieses Kapitels besonders interessant für die Fragestellung nach dem engen und verschlungenen Verhältnis von Kunst und Religion macht.

Hegel hatte schon in § 556 darauf hingewiesen, dass die Kunstwerke als Gestalten des Wissens endlich und unmittelbar sind, in § 560 weist Hegel zunächst auf diesen Paragraphen zurück und sagt weiter, dass das Kunstwerk vom Künstler gemacht ist und fügt dem folgende Aussage hinzu:

„Das Subjekt ist das Formelle der Tätigkeit und das Kunstwerk nur dann Ausdruck des Gottes, wenn kein Zeichen von subjektiver Besonderheit darin, sondern der Gehalt des inwohnenden Geistes sich ohne Beimischung und von deren Zufälligkeit unbefleckt empfangen und herausgeboren hat.“[20]

Was Hegel im Folgenden noch über den Künstler als Meister des Gottes und das Kunstwerk als Werk der freien Willkür sagt, ist vielleicht mit diesem zitierten Satz besonders gut zu erschließen. Das ideale Kunstwerk, welches dem absoluten Geist als Kunst gerecht würde, wäre im Sinne Hegels also frei von subjektiver Besonderheit und würde den Gehalt des Geistes quasi in Reinform ausdrücken. Das Künstler-Genie wird von Hegel im selben Paragraphen als eine Art Medium des Geistes vorgestellt, das ganz natürlich und unmittelbar diese Werke auszuführen im Stande ist, weil es zugleich von den objektiven Ideen und Idealen der Kunst durchdrungen, als auch handwerklich und also arbeitend dieser Tätigkeit gewachsen

---

20 G.W.F. Hegel, Enzyklopädie III, S. 369.

ist. Darum ist der Künstler ein Meister des Gottes, aber vermittelt durch die konkrete Ausführung des Künstlers bleibt das Kunstwerk auch ein Werk der freien Willkür. Der Anspruch auf Universalität und Allgemeinheit im „Ausdruck des Gottes", welcher im obigen Zitat erhoben wird, zeigt wiederum im Sinne des Selbstwissens und Selbstbewusstseins an, dass der Mensch auch als Künstler zwischen seiner zeitlichen Daseinsform und Kunstfertigkeit und den je seinen allgemeinen Idealen und Ideen von zeitloser Schönheit eingespannt ist. Das absolute Kunstwerk müsste demnach zeitlos schön und universaler Ausdruck des Schönen sein, als solches ist es selbst ein Ideal.

Die einzelnen Unterscheidungen in verschiedene Kunstrichtungen und -strömungen werden hier etwas vernachlässigt, da vorrangig der prinzipielle Zusammenhang und Übergang von der Kunst als Form des absoluten Geistes zur Religion erhellt werden soll. Den Paragraphen 561 schließt Hegel mit der Bemerkung ab, dass jene Kunstformen einen Mangel im Bewusstsein des freien Geistes haben und das sich dieses künstlerische Schaffen und Tun noch nicht am Ziel und in der Versöhnung mit der unendlichen Form befindet. Das soll im Kontext dieser Arbeit wiederum als ein Mangel an Selbstwissen, Selbsttransparenz und eben Selbstbewusstsein des auf diese Weise tätigen Menschen verstanden werden, dem schlussendlich erst die Philosophie Abhilfe schaffen kann. Vorher muss allerdings noch die Rolle der Religion und ihr Verhältnis zur Kunst und zur Philosophie erhellt werden.

Hegel nennt in § 562 das Bewusstsein darüber was die höchste Bestimmung des Menschen ist, das weltliche Selbstbewusstsein und er nennt weiter die umfassende Einheit dieses komplexen Wissenssystems, welches die Sittlichkeit, das Recht, die Kunst, die Religion und die Wissenschaft unter ein System fasst, eine Voraussetzung für die weitere Erkenntnis, dass die Geschichte der Religion identisch mit der Geschichte der Welt sei.[21] Hegel spricht exakt vom Zusammenfallen der Geschichte der Religion mit der Weltgeschichte. Es bleibt dabei etwas unklar, ob gemeint ist, dass die Weltgeschichte selber immer Religionsgeschichte sei, oder ob die Geschichte der Religion mit der Weltgeschichte

---

21 Vgl. dazu: G.W.F. Hegel, Enzyklopädie III, S. 370 f.

identisch wird, bzw. ob sich – möglicherweise in einem angedachten Prozess der Säkularisierung – erstere mehr und mehr in letzterer auflöst oder aufhebt. Solche Spekulationen über den Originaltext sind an dieser Stelle vielleicht nicht besonders fruchtbar, weil sie zwar von Bedeutung über Hegels Geschichtsbild sind, aber sie hier nicht aufgeklärt werden können. Wenn Hegel selbst auf diesen Aspekt Wert gelegt hätte, hätte er das wohl denkend expliziert. Dennoch ist diese Textstelle von großer Bedeutung für diese Arbeit, weil sie den Begriff des weltlichen Selbstbewusstseins, über die aufgezählte Reihe von weiteren Begriffen, mit dem Wissen um die Weltgeschichte verklammert. Vielleicht berechtigt diese Passage bereits dazu, zu behaupten, dass nach Hegel ein voll entwickeltes und freies Selbstbewusstsein eben ein Bewusstsein ist, dass sich systematisch in allen Spähren der menschlichen Existenz verorten und als Mitglied einer historisch gewachsenen Kultur begreift. Eine vollendete (im Sinne von umfassend und eher im Sinne einer Übersicht) Bildung wäre hier nicht nur Voraussetzung für eine vollendete Philosophie, sie wäre zugleich die Voraussetzung eines richtigen und systematischen Selbstverstehens, also weltlichen Selbstbewusstseins. Diese Gedanken werden im Kapitel über die Philosophie als höchste Form oder Gestalt des absoluten Geistes noch eine wichtige Rolle spielen.

Hegel führt an einer weiteren, die Frage nach dem absoluten Geist betreffenden und hochinteressanten Textstelle aus, dass die schöne Kunst, die ihrem Bedürfnis nach, von einer bestimmten Religion erst erzeugt wird, ein gedankenloses und sinnliches Jenseits hervorbringt.[22] An dieser Stelle und bis zum Ende des § 562 wird das Verhältnis der Verehrung, welches ein Verhältnis zugleich der Bewunderung und Distanzierung ist, von Hegel kritisiert. Nach der Lesart, die in dieser Arbeit vorgeschlagen und als die richtige vertreten wird, enthält dieses Verhältnis einen wesentlichen Fehler, nämlich einen Mangel an Selbstwissen und Selbstbewusstsein. Da die in den heiligen Objekten (Abbilder der Götter, Talismane, Bildsäulen, u.v.m.) verehrten und vergötterten Eigenschaften in Wahrheit geistige Ideale sind, werden sie im Modus ihrer Objekthaftigkeit und als entfernte und mitunter

---

22 Vgl. dazu: G.W.F. Hegel, Enzyklopädie III, S. 372.

unerreichbare Gegenüber nicht richtig verstanden. Sie werden gedankenlos und sinnlich als Objekte gegenüber des Subjekts verehrt, sind aber doch eine Schöpfung des Geistes, und zuletzt und im Sinne dieser Arbeit sind sie objektivierte Selbstbilder bzw. idealisiertes und durch das Subjekt selbst erschaffenes und entäußertes Selbstbewusstsein. Im Prinzip ist also eine so verstandene Heiligsprechung und Verehrung dieser Objekte auf zwei wesentlich verschiedene Weisen möglich. Nämlich zum einen, im Modus der Selbstvergessenheit, ist sie eine Distanzierung von sich selbst bzw. von der eigenen Schöpfung und Schöpferkraft. Zum anderen, im Modus eines richtigen Selbstwissens und Selbstbewusstseins, ist hier das Zusammenschließen des Subjektes mit seinen Werken der Anbetung möglich, welche dann als Inhalte des Selbstbewusstseins zurück unter die Ideale und die Schöpferkraft des Subjekts fallen. Kurz und vereinfacht: Der selbstbewusste Mensch erkennt im Kunstwerk seine Kunstfertigkeit und in den Abbildern der Götter seine eigene Schöpferkraft und Freiheit.

Wenn Hegel im letzten Paragraphen zur Kunst als einer Form des absoluten Geistes dann sagt, dass die Zukunft der schönen Kunst in der wahrhaften Religion hat, so ist es leicht nachzuvollziehen, wieso z.B. Taylor und mit ihm alle die ebenfalls einer solchen Lesart Hegels folgen, auf die Idee kommen, dass es eine notwendige und außerdem historische Abfolge von Kunst, Religion und Philosophie geben soll. Aber es ist eben ziemlich riskant, wenn man die oft beklagte Dunkelheit des Ausdrucks bei Hegel auf eine solche Weise, nämlich durch die Überbewertung des Ausdrucks und Gehaltes in einem einzelnen, ausgesuchten Satz, zu überbrücken versucht. Wie bereits angedeutet, ist der Ansatz in dieser Arbeit, die „Stufen" und „Abfolgen" der Formen des Geistes als verschiedene Grade in der Explikation des Selbstbewusstseins zu erfassen. Das heißt, dass die vorangegangen Stufen und Ansätze in Hegels Denksystem als Abstraktionen der nachfolgenden Positionen verstanden werden können, die gar nicht unbedingt zeitlich oder historisch, sondern vielmehr einer Logik des Erklärens folgen. Wieder ganz einfach: Der komplexe und inhaltlich ausgereifte Standpunkt ist der Maßstab und das Ziel, welches die Abstraktionen notwendig verfehlen müssen. Auf diese Weise bewegt sich das Denken Hegels stetig auf die eigene Bestform und höchste Komplexität zu, während verkürze und abstrakte Standpunkte überwunden, erinnert und weiterentwickelt werden. Mit diesem Interpretationsansatz soll nun auch der Übergang von der Kunst zur Religion als ein weiterer Schritt in der Selbstexplikation der Lebensform des Menschen, durch den philosophierenden Menschen, begriffen werden.

2. Der absolute Geist in der Religion

Der absolute Geist in der Religion ist nach Hegel als die von Gott geoffenbarte Religion zu fassen.[23] Hegel sprach bereits in § 563 von der wahrhaften Religion, als die Zukunft der schönen Kunst, welcher selbst eine eigentümliche Religion inhärent sei. Nun soll das im Dasein selbst, das Wissen ist, ein Offenbaren geschehen und zwar so, dass der Inhalt der Idee absoluter Geist für den Geist ist und er dabei die Bestimmung der freien Intelligenz zum Prinzip hat. Das alles lässt sich eigentlich recht mühelos als denjenigen Prozess deuten, in welchem sich der Mensch einen Gott denkt, der als ein Gott der Freiheit den Menschen vor beschränkten Perspektiven und Lebensweisen bewahrt, indem der Mensch sich als Einzelner in ein Verhältnis zum Allgemeinen und zum Ganzen begreift. Frei ist diese Form des Geistes darum, weil sie sich selbst zum Gegenstand hat, weil sich im und durch den Menschen der Geist zu sich selber befreit. Wenn aber Hegel nun explizit behauptet, dass die Offenbarung von Gott her geschehen muss, steht das zunächst im Konflikt mit dem Ansatz dieser Arbeit, nach dem Gott nicht eine objektive Kraft in der Welt, sondern vielmehr ein objektiviertes und so auch durchaus wirksames Ideal der Menschen ist. Eine Lösung für dieses vielleicht nur scheinbare, vielleicht aber auch fundamentale Problem ist, dass zunächst davon ausgegangen wird, dass Hegel mit dieser Rede von Gott nur den vernunftgemäßen Ablauf der Welt meint, das heißt auch nur, dass die Welt im Prinzip, also der geistigen Fähigkeit des Menschen nach, verständlich strukturiert ist. Die Rede von Gott ist so die Rede von einer nach erkennbaren Gesetzen ablaufenden Welt. Das sind nur ein paar Vorüberlegungen, die sich noch einschränken, konkretisieren oder revidieren lassen. Zunächst soll nun Taylors Perspektive in einigen ausgewählten Punkten, inklusive der Übergänge der Formen des absoluten Geistes, reflektiert werden. Dann soll die Religion als Form des absoluten Geistes skizziert werden, anschließend sollen, wie es geplant war und schon bei der Kunst erfolgt ist, eigene Interpretationen des Primärtextes und weiterführende Reflexionen an diese Punkte angeschlossen werden.

---

23 Vgl. dazu: G.W.F. Hegel, Enzyklopädie III, S. 372 f.

2.1. Die Perspektive Charles Taylors

Taylor hält zunächst fest, dass der Bereich der Religion mit der inneren Vorstellung verbunden ist, während der Bereich der Kunst mit äußeren Anschauungsformen verbunden war. Als Formen oder Gestalten des absoluten Geistes haben diese das Verhältnis des Menschen zum Absoluten zum Ziel, wobei die Religion etwas Übersinnliches, also etwas Vorstellbares und Wahres, aber nicht direkt Abbildbares zum Thema hat, sodass das religiöse Denken zwar mit Bildern und Darstellungen operiert, aber zugleich nicht in ihnen gefangen bleibt.[24]

Bereits nach diesem ersten Einblick in Taylors Ansatz wird klar, dass die Religion als Form des absoluten Geistes eine Art Vermittlerin zwischen der ersten Form (der Kunst) und der finalen Form (der Philosophie) ist. Es scheint in der Gestalt der Religion, aus der Perspektive des Selbstbewusstseins, einen wesentlichen Erkenntnisfortschritt zu geben, nämlich das Wissen um das in den Bildern und Geschichten eingeschriebene Verhältnis zu Gott oder eben zum Ideal, als veräußertes Selbstwissen. Es bleibt zunächst noch unklar, ob dieses Verhältnis als ein Selbstverhältnis des Menschen zu begreifen ist, oder als Verhältnis zu einem Gott.

Es wird nun klar, wie Taylor die Philosophie Hegels als Abgrenzungs- und Aufhebungsversuche gegen andere Strömungen und Ansätze versteht. Taylor betont, dass Hegel mit seiner Philosophie einen Zweifrontenkrieg[25] führt, der sich auf der einen Seite gegen die Romantiker bzw. gegen die Frömmigkeit und auf der anderen gegen die nur rationalen, nicht aber vernünftigen Aufklärer richtet. Die Aufklärer wollten von Gott (oder dem Absoluten) nichts wissen bzw. behaupteten, dass man von ihm auch nichts wissen könne[26]. Die Romantiker verbannten die Sphäre des Absoluten und des Gottesbezuges ins nur je subjektive Gefühl und in die Anbetung. Eine kleine Anmerkung am Rande: Bei den Aufklärern kann man wohl mit Recht auch an Immanuel Kant denken, dessen Erkenntnisbegriff ein Erkennen des

---

24 Vgl. dazu: Taylor, Hegel, S. 629.
25 Ebenda, S. 671.
26 Ebenda, S. 630.

Absoluten als Gott nicht erlaubt, da hier Anschauung und Begriff nicht zur Einheit in der Erfahrung kommen können. Solange Gott nicht angeschaut werden kann, bleibt er eine regulative Idee. Dazu und darüber hinaus an anderer Stelle mehr, nämlich wenn es explizit um die Philosophie als Form des absoluten Geistes geht.

Die Philosophie soll die Beschränktheit der Rationalität der Aufklärung und den nur gefühlten Zugang der Religion überwinden und im Begriff bzw. im reflexiven Denken aufheben. Taylor reflektiert nun mit Hegel die Phasen des Christentums und die Epochen der Philosophie und sieht, dass die Emanzipation durch die Aufklärung von der Autorität und Objektivität der Kirche zwar erfolgreich war, aber in eine nur noch analytische Rationalität umschlägt, die als bloße Gegenreaktion auf die Autorität des Glaubens, dem dialektischen Entwicklungsgesetzen folgend, eben den Bezug auf Objektivität des Wissens und den Zugang zum Absoluten verliert.[27]

Die Philosophie sei nun der Versuch, das Absolute in Begriffen zu fassen, was ihr aber auf ihren frühen Entwicklungsstufen noch schlecht gelang, da ihr (systematisches) Erfassungsvermögen nicht voll ausgereift war, sodass der Religion (zumindest in der Sphäre der Vorstellung) die Verbindung des Menschen mit dem Absoluten teilweise besser gelang.[28]

Taylors Werk und seine Perspektiven auf den Originalstoff, den er den Themen folgend quer durch das Hegelsche Werk verfolgt, das muss hier unbedingt aus Gründen der Fairness und der Selbstreflexion eingeräumt werden, sind, wider Erwarten, da es sich doch um eine Einleitung in Hegels Philosophie handelt, äußerst komplex und vielschichtig. Darum sind Taylors „Standpunkte" nicht immer als vermeintlich abstrakte Ausgangspunkte für eine eigene Kritik geeignet, wie es zunächst (nach erstem Anlesen des Stoffes) vermutet worden war. Darum werden stets nur einige Punkte aus Taylors Erläuterungen herausgegriffen und auf die hier vorliegende Fragestellung bezogen. Dies nun höchstens mit dem Anspruch verbunden, die Perspektive Taylors für diese Arbeit fruchtbar zu machen.

---

27 Vgl. dazu: Taylor, Hegel, S.667.
28 Ebenda, S. 666.

Dem folgend sollte nun die Frage im Mittelpunkt stehen, was die doch wieder eher historische und nur implizit begriffliche Perspektive Taylors auf Hegel mit der Idee dieser Arbeit zu tun hat, dass Hegel eigentlich und zuerst eine Art „Logik" und Überblick über die Verhältnisse und Leistungen verschiedener Wissenskonzepte, Selbstverhältnisse und Praxisformen gibt, die den Menschen und sein mehr oder minder entwickeltes oder entfaltetes Selbstbewusstsein betreffen. Taylor schließt sein Kapitel über die Religion mit einem Hinweis auf Hegels Pessimismus, angesichts einer fraktalen und immer komplexer werdenden Welt, die nicht (mehr) recht in dessen System passen will.[29] In einem solchen Sinne von „passen", dass die Philosophie die Aufklärung und Religion wiederholt, einholt bzw. vollendet, oder eben in sich auf- und mit sich hinaufhebt. Einfach ausgedrückt: In der Religion wird zuerst nur verehrt und geliebt, was in der Philosophie darüber hinaus auch noch begriffen wird. An dieser Stelle soll, nach einem kurzen Ausflug in weitere zielführende Literaturen, zur Analyse und entsprechenden Interpretation des Originaltextes übergegangen werden, was dann wiederum auf die Frage nach dem was denn der absolute Geist in der Religion sei, angewandt werden soll.

---

29 Vgl. dazu: Taylor, Hegel, S. 671.

2.2. Die Frage nach dem Absoluten in der Religion

Ein Rückgriff auf Taylors Kritik an Hegels Synthese und der Idee, dass die Philosophie eine Weiterentwicklung der Kunst und Religion sei, soll diesen Überlegungen ihre Richtung geben. In dieser Arbeit war ein wichtiger Punkt, dass diese Folgen oder Stufen des absoluten Geistes nicht unbedingt als historische Abfolgen zu begreifen sind, wie das oft gedacht wird, sondern eher als begriffliche Verhältnisse bzw. Explikationsstufen einer komplexen Bildung, die das Selbstwissen und Selbstbewusstsein des Menschen betreffen. Die Idee war u.a., dass die Gestalten der Kunst und auch die der Religion, wollen sie sich selbst verständlich und im Sinne des Selbstbewusstseins transparent machen, ohnehin auf philosophische Mittel zurückgreifen müssen. Anders ausgedrückt: Kunst und Religion sind nur durch die Philosophie, als Ästhetik und Religionsphilosophie vollends begreifbar. Zudem erlangt der Mensch, so er als Künstler Kunstwerke erschafft oder innerhalb der Religionspraxis einen Gottesdienst praktiziert, nur mittels der Philosophie vollkommene Klarheit über sein eigenes Tun. Vollkommen ohne philosophischen und reflexiven Anteil würden diese Tätigkeiten zu einem bloß geistlosen und am Ende gar sinnlosen Tun herabsinken, das sich schon gar nicht als vernünftig oder auch nur als nützlich ausweisen kann. Zur Rolle der Philosophischen Reflexion, in diesem Kontext, wird an anderer Stelle noch ausführlich zu sprechen sein. Aber auch im Kontext einer Kritik der Religionspraxis und des Selbstbewusstseins sei darauf hingewiesen, dass Stekeler-Weithofer in seinem Werk zur Philosophie des Selbstbewusstseins dem nur empraktischen Nachvollzug vorgegebener Schemata und dem bloßen Paraphrasieren von Texten, außerdem dem nur regelfolgendem Verhalten eines Menschen, einen Mangel an Selbstbewusstsein attestiert.[30]

Diese Feststellung bildet einen zentralen Baustein für das Hegelverständnis, welches diese Arbeit zu veranschaulichen und zu verteidigen sucht. Diese Überlegungen sind also notwendig und enorm wichtig für den Ansatz und die Fragestellung und den Antwortversuch, der in dieser Arbeit angestrebt ist. Das gilt nun auch hier, im

---

30 Vgl. dazu: Stekeler-Weithofer, Philosophie des Selbstbewusstseins, S. 50.

Speziellen für die Frage nach dem Absoluten in der Religion, denn hier scheiden sich m.E. zwei Hauptlesarten oder Verstehensweisen der Hegelschen Philosophie voneinander ab. Taylor wurde bereits einer eher historischen Lesart, die Hegels System zu sehr als notwendige historische Entwicklung nimmt, zugeordnet. Was unter Verfolgung einer solchen Lesart und dem Vorhaben einer Hegelkritik dann oft geschieht, ist, dass man Hegel genau mittels der real ablaufenden Geschichte, möglichst noch mit einer für Hegel zukünftigen, zu widerlegen versucht ist. Nur als kurze Randbemerkung: Auch Ludwig Feuerbach verfolgt laut Walter Jaeschke[31] einen solchen Ansatz und übte an Hegel eine ganz ähnliche Kritik.

Für die Frage nach dem Absoluten in der Religion sind diese Überlegungen wichtig, weil, um es zunächst ganz einfach zu sagen, man dieses Absolute als einen wie auch immer gearteten historischen Endpunkt, oder eben als einen anthropologisch-selbstbewussten Zustand begreifen kann. Vielleicht muss hier auch gar nicht zwingend ein „oder" eingesetzt werden. Im letzten Kapitel dieser Arbeit, nämlich zur Philosophie als „Bestform" des absoluten Geistes, wird darauf erneut eingegangen und ein Antwortversuch erfolgen. Klar ist zunächst, dass Hegel in der protestantischen Spielart des Christentums die am weitesten entwickelte Form des absoluten Geistes als Religion ausmacht, da hier zum einen das Verhältnis zum Absoluten eine Sache der persönlichen Sphäre geworden ist und zum anderen, weil Gott als Geist (nicht mehr nur als besonderes Objekt unter mannigfaltigen Objekten) vorgestellt wird. Die Kunst spielt dabei die Rolle der Bildwerdung der religiösen Vorstellungen und Ideen und so der Anregung und Unterstützung der Vorstellungskraft. Systematisches Begreifen und ein vollends selbstbewusstes und selbst-transparentes Denken und Handeln haben hier noch nicht ihren Ort.

In § 564 gibt Hegel zu verstehen, dass der absolute Geist sich in der geoffenbarten Religion selbst manifestiert.[32] Was sich aber in Raum und Zeit manifestiert, das ist als Manifestation einer historischen Entwicklung unterworfen. Hegel versucht den Begriff des Geistes, den Begriff Gottes und den Begriff der Religion gegen falsche

---

31 Vgl. dazu: Walter Jaeschke, Hegel Handbuch, S. 533 f.
32 Vgl. dazu: G.W.F. Hegel, Enzyklopädie III, S. 372 f.

Verständnisse abzugrenzen, die diesen Begriffen nicht gerecht werden. Er operiert hier damit, dass ein Gott sich als Geist offenbaren muss, wenn er sich bekannt machen will, andernfalls bliebe er aus unerfindlichen Gründen dem Menschen fern. Das wäre ja gerade der Anspruch der wahrhaften und offenbaren Religion, dass sie sich gegen die Heiden abgrenzt, indem eben ihr Anspruch ein einlösbarer, vorzeigbarer und eben offenbarer ist. So wäre Gott dann als Geist zunächst vorzustellen und auch noch zu begreifen, was aber nach Hegel gar nicht so einfach ist, weshalb sich die Theologen oft mit der Unwissenheit bezüglich Gottes begnügt hätten, da diese Erkenntnis eine gründliche Spekulation erfordert.[33] Spekulation meint hier philosophische Reflexion und wesentlich dann auch Selbstreflexion, womit der Übergang zur dritten Form des absoluten Geistes bereits ausgesprochen wäre und nun auch Schritt für Schritt vollzogen werden kann.

33 Vgl. dazu: G.W.F.Hegel, Enzyklopädie III, S. 374.

2.3. Der Übergang zur Philosophie: Hegel und der Geist Gottes

Der Begriff des Geistes soll ganz allgemein zunächst als Kultur aufgefasst werden, wobei der absolute Geist nun keine objektiven Formen der Kultur und Politik wie z.B. Rechtssysteme oder Staaten meint, sondern freie (absolute) und in einem gewissen Sinn über-historische Kultur-Gestalten oder -Formen. Ihre Manifestationen sind den geschichtlichen Voraussetzungen entsprechend und selber historisch und somit relativ und teilweise empirisch, aber ihre die Verwirklichung leitenden und Orientierung stiftenden Ideen und Ideale sind in einem abgeschwächten Sinne zeitlos und allgemein. Es soll dabei aber nicht an einen einfachen und vielleicht auch falschen Platonismus gedacht werden, sondern eher sollen diese Ideen und Ideale selber wieder als durch menschliche Reflexions-Praxen (und somit als Formen einer mehr oder minder entwickelten Philosophie) erzeugte und wirksame geistige Inhalte verstanden werden. Sie wären dann nur in einem eher schwachen Sinn über-historisch, nämlich als zwar freiere und unabhängigere, aber nicht unberührbare Sphäre der Reflexions- und Selbstbewusstseins-Kultur. Denn auch Begriffe und Ideen können durch Missbrauch „beschädigt"[34] werden, und eine entsprechende „Reparatur" kann auch nur innerhalb der herrschenden Kommunikationspraxis und der jeweils anerkannten Formen der Kritik erfolgen. Diese und ähnliche Überlegungen zum Begriff des absoluten Geistes als Reflexionskultur, die auch praktisch wird, dann auch im Sinne einer freien Selbstschöpfung des Menschen durch einen Gott der Freiheit, werden im Kapitel über die Philosophie und die Macht der Reflexion weiterentwickelt.

---

34 Ein nur gedachtes Beispiel für eine solche Beschädigung der Begriffe, der Sprache und somit des Geistes als Kultur, wäre z.B. denkbar als die unrechtmäßige Verabsolutierung des Willkür-Willens eines Herrschers als allgemeines Gesetz. Denkbar wäre zudem auch das Verbot des öffentlichen Gebrauches der Vernunft. Freilich würde dieser mit Gewalt zum allgemeinen Gesetz durchgesetzte Einzelwille weder dem Begriff des Gesetzes, noch dem Begriff des Allgemeinen oder Vernünftigen gerecht, aber das öffentlich zu bekunden und dieses Wissen zu erstreiten, wäre bereits aufklärerisches und philosophisches Handeln, welches versucht, den allgemeinen Geist wieder zu seinem Recht kommen zu lassen.

Aber zurück zur Religion und zum Übergang in die Philosophie: Hegel gibt in seinen Vorlesungen über die Philosophie der Religion und speziell zum Begriff der Religion über die verschiedenen Bezugnahmen auf Gott folgendes zu verstehen:

„Was Gott ist, ist für uns, die Religion haben, ein Bekanntes, ein Inhalt, der im subjektiven Bewusstsein vorhanden ist; aber wissenschaftlich betrachtet ist zunächst Gott ein allgemeiner abstrakter Name, der noch keinen wahrhaften Gehalt bekommen hat. Denn die Religionsphilosophie erst ist die Entwicklung, Erkenntnis dessen, was Gott ist, und durch sie erfährt man erst auf erkennende Weise, was Gott ist. Gott ist diese sehr wohl bekannte, aber eine wissenschaftlich noch nicht entwickelte, erkannte Vorstellung. "[35]

Der nur erst vorgestellte Gott soll also durch die Religionsphilosophie zur begrifflichen Erkenntnis Gottes ausreifen. Dieses Vorhaben ist, will man Hegel nicht hinter Kants kritische Philosophie zurückfallen lassen, wohl nur als eine Art philosophische Anthropologie, oder eben als eine Reflexionsphilosophie denkbar, die die Redeformen über Gott, das Verhalten mit Gottesbezug, die Gebete, die religiösen Übungssysteme, als menschliche Versuche sich selbst zu bestimmen begreift. Das mangelhafte oder voll entwickelte Selbstwissen oder Selbstbewusstsein wäre dabei die Begrifflichkeit, welche die ganz verschiedenen Zugänge zum Absoluten erklärbar macht. Nämlich als Stufen auf dem Weg der Auseinandersetzung des Menschen mit der Welt und mit sich selbst, als ein zunächst sinnliches und dann auch denkendes Lebewesen. Es sind hier wieder Explikationsstufen gemeint und nicht etwa, dass der Mensch zuerst ein sinnliches und dann ein denkendes Wesen sei, auch wenn es da eine allgemeine Tendenz zur lebenszeitlichen Abfolge geben könnte. Es ist das Hegelsche Projekt, die Sinnlichkeit mit dem systematischen Denken produktiv zu vereinen, anstatt die erste durch die zweite zu überwinden, was sich nicht zuletzt darin zeigt, dass die Einheit der sinnlichen Kunst und der vorstellenden Religion in der Philosophie zum selbstbewussten Denken erhoben wird.[36]

35 G.W.F. Hegel, Vorlesung über die Philosophie der Religion, S. 92.
36 Vgl. dazu: G.W.F. Hegel, Enzyklopädie III, S. 378.

Das Gott nun das absolut Wahre und der Anfang von allem und das Ende von allem sei und dass er frei und unabhängig sei, das nennt Hegel im Anschluss an das obige Zitat den Inhalt des religiösen Bewusstseins, welches zugleich, also mit demselben Inhalt, aber auch der abstrakte Anfang der Wissenschaft sei, dem aber noch die wissenschaftliche und systematische Form fehlt.[37]

Nun soll der Übergang von der Religion als einer Form des absoluten Geistes zur Philosophie aufgezeigt werden, so wie ihn Hegel in der Enzyklopädie, also im hier ausgewählten Primärtext, vorstellt. Es soll im Sinne dieser Arbeit die ewige und lebendige Rückkehr des in der Welt gegenwärtigen Geistes, als der voll entfaltete und gebildete Geist des Menschen, verstanden werden, der es geschafft hat, sich zum Allgemeinen und zum Absoluten zu erheben. Also soll der § 569 in diesem Sinne verstanden werden, dass der einzelne und beschränkte Mensch sich in einer Kultur des Allgemeinen und Versöhnlichen aufgehoben glaubt und dann auch begreift. Auch in § 570 wird der Weg des Menschen zu Gott, oder der Weg des Einzelnen zum Allgemeinen, als eine Reise zu sich selbst verständlich, wobei der Glaube den zunächst nichtigen und bösen Menschen zu Gott erhebt, also zum Geist, zu einer Kultur der Selbstschöpfung also, aus der nur gegebenen Natur heraus zum sich selbst bestimmenden Geist.

Hegel warnt in § 571 vor einer gewissen Eitelkeit des Geistes, welche einseitig subjektiv bleibt, die sich als höchste und freie Form über der Religion und der Philosophie, also über Gott, zu wissen glaubt, die aber nur ein Zurückfallen in die Zufälligkeiten und Nichtigkeiten der Willkür-Freiheit des Einzelnen ist. Das freie Denken aber hat seine Einzelheit in seinem Willen und den allgemeinen und universalen Geist als Objekt gegenüber, und bleibt dennoch ihm gegenüber frei. Es ist identisch mit ihm und darum frei geworden, also in ihm aufgehoben, wobei dieser Prozess, soll er begriffen und also in seiner Dynamik und Notwendigkeit überblickt werden, bereits Philosophie ist. So ist das Denken das Formelle des absoluten Inhalts[38], indem es ihn nur je in sich, als sich vollendendes

37 Vgl. dazu: G.W.F. Hegel, Vorlesung über die Philosophie der Religion, S. 92 ff.
38 G.W.F. Hegel, Enzyklopädie III, S. 378.

Selbstbewusstsein, nachvollzieht. Diese Vollendung ist das Aufheben und Bewahren der Einzelheit des Menschen im Allgemeinen, oder auch des je empirischen Lebewesens im absoluten und allgemeinen Geist, was glaubend und im Gefühl beginnt und dann als Philosophie auch gewusst wird. Die Religion vollendet ihren Inhalt in der Form der Philosophie, wie davor die Kunststücke ihre vormalige Einheit in der Religion fanden. Wie oft betont, ist aber die Achse nicht unbedingt als Zeit zu verstehen, sondern als Möglichkeit der Explikation, also mögliche begriffliche Tiefe, deren Ziel das vollendete Selbstbewusstsein des Menschen ist. Die Formen oder Gestalten des absoluten Geistes als Kunst und Religion sind hier, gleichsam zu sich selber und zu ihrer Wahrheit kommend, zur Philosophie erhoben.[39]

---

39 Vgl. dazu: G.W.F. Hegel, Enzyklopädie III, S. 378 f.

3. Der Absolute Geist als Philosophie

Bereits die Überschrift dieses Kapitels gibt zu erkennen, dass die Philosophie jene Gestalt des absoluten Geistes ist, die eine besondere Stellung unter den drei Formen des absoluten Geistes hat. Sie ist, wie die drei vorangegangenen Formen, in Abgrenzung zu den Gestalten des objektiven Geistes, wesentlich gekennzeichnet durch ihren internen Bezug auf das Absolute. Im Sinne dieser Arbeit ist dieser Bezug bzw. dieses Verhältnis eines des Menschen zu sich selbst, aber in einer solchen Weise, dass der Mensch sich mit dem allgemeinen Geist in ein freies und anerkanntes Verhältnis bringt. Der Mensch denkt über sich selber als leibliches (einzelnes) und geistiges (allgemeines) Lebewesen nach und entdeckt über diese Explikation des schon Vorgängigen sein eigenes Sein als ein Sein bzw. ein Ankommen im Geistigen. In der Form einer reflektierenden Wissenschaft bzw. in der Philosophie Hegels findet der Mensch die vormals mystische und weitestgehend unbegriffene Welt als komplexes und vielschichtiges Weltbild, entdeckt deren eigentliche Seinsweise als Geist.

Diese Weltbildexplikation, oder die Explikation der Kultur einer Epoche, findet sich im einzelnen Menschen als gewusste Bildung im weitesten Sinne wieder, wobei dieses Wissen ein Selbstwissen und so Selbstbewusstsein ist. Absoluter, also freier und losgelöster Geist, ist wesentlich mit einem Philosophieren verbunden, dass sich aus den jeweils historischen, geistig-provinziellen und sonstigen Beschränkungen herausgedacht hat. Diese Befreiung des Denkens zu sich selbst ist kein generelles Verwerfen der Beschränkungen und partikularen Geltungsansprüche z.B. einer Einzelwissenschaft, es ist die systematische Durchdringung und spekulative Verortung all dieser Formen. Die spekulative Philosophie ist also ein Werkzeug der groben Orientierung, der Kritik von Geltungsbereichen und -ansprüchen und sie transportiert zugleich das Wissen darum, dass jede noch so beschränkte Perspektive und geistige Haltung die Tendenz aufweist, sich über die Funktion des mangelhaften und verkürzenden oder eben des entfalteten und orientierten Selbstbewusstseins zu verabsolutieren. Letzteres bedeutet z.B. auch, dass jedes Weltbild und jede gedachte Totalität, auf die wir uns explizit oder implizit in vielen (vielleicht allen)

Handlungen beziehen, jeder künstlerische, glaubende oder wissende Bezug auf das Absolute, dies alles folgt der mehr oder minder vollzogenen Bildung und Anreicherung mit kritischem Geist des jeweils urteilenden und handelnden Menschen.

Wenn sich im Verlauf dieser Arbeit einige Aussagen wiederholen, so liegt das an den Schnittmengen der vielen Perspektiven, die hier auf die Fragestellung und den Stoff angewandt werden, wobei die je eigenen Perspektiven selbst noch um die treffendste Formulierung ringen, dabei werden dann permanent der behandelte Stoff und die entsprechenden Gedankengänge dem Erkenntnisstand entsprechend reformuliert. Das Ziel ist dabei eine immer weitere Anreicherung des eigenen theoretischen Standpunktes mit dem zur Verfügung stehenden perspektivischen Material, wobei bereits angedeutet wurde, dass die Perspektive Stekeler-Weithofers, so wie sie mir zugänglich und begreiflich war, hierbei doch den Ton angeben soll, da sie m.E. dem philosophischen Projekt Hegels am besten und zudem auf eine faire Weise entspricht.

Das soll an Vorüberlegungen, Methodenreflexion und Metakommentaren zum Kapitel über die Philosophie zunächst ausreichen. Nun folgen verschiedene Perspektiven auf die Philosophie als die adäquate Form des absoluten Geistes und zum Schluss die Beantwortung der Frage, was der absolute Geist denn nun sei. Jetzt soll zunächst Charles Taylors Perspektive auf die Philosophie, als Form des absoluten Geistes, skizziert und wenn nötig kritisch kommentiert werden.

3.1. Die Perspektive Charles Taylors

Dass die Philosophie einen Zweifrontenkrieg gegen die Frömmigkeit und gegen die Aufklärer zu führen und zu vermitteln bzw. aufzuheben hat, hatte Taylor mit Bezug auf Hegels Religionsphilosophie konstatiert und es blieb bei Taylor ein Zweifel darüber zurück, ob die Hegelsche Philosophie diesem Anspruch genügen könne.[40] Es bliebt hier anzumerken, dass im Sinne dieser Arbeit jener Anspruch, mit Blick auf die Enzyklopädie, gerade nicht zuerst als ein historischer, sondern als ein logischer und allgemeiner, oder besser als eine Explikation des Selbstbewusstseins verstanden werden soll. Keinesfalls will diese Arbeit die Geschichte daraufhin untersuchen, ob sie in ihrem Verlauf den Ausführungen und Explikationen Hegels zu den Formen des absoluten Geistes folgt. In einer gewissen Weise würde ein solches Vorhaben sogar im krassen Widerspruch zum hier vertretenen Ansatz stehen, was aber nicht heißt, dass man aus den Überlegungen und Stufenfolgen der Hegelschen Philosophie nicht sehr wohl einigen Gewinn bei der Betrachtung historischer Verlaufsformen (z.B. bei der intersubjektiven Verwirklichung von Freiheitsansprüchen) einfährt. Hegels Formenanalyse der Autonomie und die Verlaufsformen bzw. Verwirklichungsinstanzen der Freiheit des Menschen unter Menschen sind sicherlich selber Abstraktionen und Verallgemeinerungen, die aus der Geschichte selber, durch das Denken, herausoperiert wurden. Wenn also Hegel allgemeine Erkenntnisse über solche Stufen und Übergänge behauptet, so behauptet er doch nicht zugleich, dass sie sich zu einer bestimmten Zeit auch genau so realisieren müssen. Was aber im Sinne dieser Lesart Hegels behauptet wird, ist folgendes, dass nämlich, wenn eine Gestalt des Wissens oder eine Form des Geistes (also der Kultur) sich vollständig selbst begreifen und sich also auf diese Weise einsichtig werden will, dann muss das systematisch und auf die Totalität hin orientiert erfolgen. Darum ist notwendig die Stufe der Philosophie die letzte und höchste im System, weil sie die meiste Übersicht über die Teildisziplinen der Wissenschaften und die mannigfaltigen Praxisformen entfaltet. Wer keine

---

40 Vgl. dazu: Taylor, Hegel, S. 671.

Philosophie hat, wäre demnach orientierungslos in partikulare Aktivitäten verstrickt, ohne diese, letztendlich und unter erhöhtem intersubjektiven Explikationsdruck oder -anspruch, als sinnvoll ausweisen zu können. Hier kann eine kritische, spekulative Philosophie ihre wissenschaftliche Arbeit tun, indem sie z.B. eine beschränkte Rationalität oder mangelhafte Selbsttransparenz mit universalen Vernunftansprüchen und umfassender Bildung zur Selbsterkenntnis nötigt. Aber an dieser Stelle soll angemerkt werden, dass diese letztendliche Einordnung in ein „Sinnganzes", oder der Bezug auf ein Welt-, Gottes- oder Menschenbild, stets mehr oder eben minder gebildet und elaboriert vollzogen wird. Und immer ist dieser „absolute Bezug" (im weitesten Sinne) von philosophischer Natur, weshalb er mit den Mitteln der spekulativen Philosophie für eine Kritik und dialektische oder spekulative Erweiterung erreichbar bleibt.

Taylor verweist nun darauf, dass die Philosophie auf der einen Seite auch nur Ausdruck des Denkens einer bestimmten Zeit oder Epoche ist, auf der anderen Seite aber auch zeitlos und allgemein Gültigkeit habe.[41] Dabei erklärt Taylor auch, dass jede Epoche ihre Philosophie hat und das diese Philosophie als reflektieren auf die Epoche und Geschichte immer erst ein Erkennen im Nachhinein sein kann. Dabei ermöglicht gerade der philosophische Bezug, als Rückbesinnung auf eine Zeit, eine gewisse Distanz zur nur gegebenen Wirklichkeit. Im Sinne dieser Arbeit und einer Kritik an Taylor muss hier angemerkt werden, dass Taylor doch nun selbst sieht, dass die Philosophie im Sinne Hegels etwas anderes ist, als das Vorhersagen der Geschichte, oder als das Sortieren von bloßen Folgebeziehungen der Gestalten des Geistes, dass ihre Logik und ihr Wesen einen zutiefst explikatorischen Charakter hat. Es wird also unklar, was Taylor mit seinen historisierenden Kritiken an Hegel genau meint, da er scheinbar Ansprüche an Hegels Philosophie heranträgt, die dieser nicht eingeschrieben sind.

Wenn dann Taylor Hegels Philosophie gegen einen allzu platten und verkürzten Marxismus verteidigt, der Sein und Geist in die bekannte Ordnung, dass das Sein den Vorrang vor dem Bewusstsein habe, bringt, dann wird auch erkennbar, dass

---

41 Vgl. dazu: Taylor, Hegel, S. 672 f.

Taylor die dialektische und interdependente Beziehung von Welt und Geist, oder Sein und Bewusstsein, gegen bestimmte Vorurteile verteidigt. Die Wirklichkeit kann nach Taylor bei Hegel nicht auf diese Weise kausal entzweit werden, da sie immer eine Einheit beider Seiten dieses Verhältnisses bildet.[42] Es kann an dieser Stelle auch gleich klar gemacht werden, dass jenes verbreitete Vorurteil gegen die Philosophie Hegels, nach dem das Bewusstsein oder der Geist auf naive und einfache Weise über dem Sein oder der Welt stehe, ebenfalls (jedenfalls implizit) zurückgewiesen wird. Dass die Welt in Hegels Philosophie mit dem Geist identisch wird, ist eine Aussage über den erst noch zu explizierenden Weltbezug des Menschen, der nämlich aus seinem begrifflichen, denkenden und also sprachlichen Bezug zur Welt nicht ausbrechen kann, schon gar nicht wenn er sinnvoll kommunizieren oder sogar Wissenschaft treiben will.

Taylor bringt die drei Formen des absoluten Geistes in eine Ordnung, die für die Frage nach deren Verhältnis zum Absoluten von Bedeutung ist.

Die Religion, so Taylor, weicht der Unterscheidung zwischen Bewusstseinsform und tatsächlicher Praxis aus, weil sie die Gottesvorstellung mit einem frommen Kult verbindet. Hinzuzufügen wäre hier im Sinne dieser Arbeit, dass dabei die heiligen Objekte nicht als Manifestationen des Selbstbewusstseins begriffen werden, sondern als bloß angebetetes Gegenüber.

Die Kunst, so Taylor weiter, sei mit den religiösen Formen eng verbunden und den Zeitaltern und jeweiligen historischen Praxen der Kunstfertigung unterworfen.

Hingegen die Philosophie befindet sich im Bereich des reinen und freien Denkens, die darum so klar ist, weil sie von den anderen Ebenen des Lebens und den Zufälligkeiten der Gefühlsregungen entrückt sei, eben weil sie rein kontemplativ und theoretisch sei.[43] Bei Taylor wird die Frage nach dem was der absolute Geist letztendlich und in seiner adäquatesten und vollendetsten Form sei, noch um den Hinweis ergänzt, dass die Philosophie als vollkommene Bewusstseinsform immer nur einem kleinen Kreis oder einer kleinen Gemeinde zugänglich war, während die

---

42 Vgl. dazu: Taylor, Hegel, S. 673 f.
43 Ebenda, S. 674 f.

Kunst und speziell die Religion in ihrer Verwirklichung des absoluten Anspruches, nämlich der Versöhnung des Endlichen (Einzelnen) mit dem Unendlichen (Allgemeinen), notwendig noch vor der Philosophie erreichte, da die Philosophie als reine Reflexion und Kontemplation diesen Formen in gewisser Weise nachgestellt war.[44]

Der absolute Geist ist für Taylor die zurückschauende Philosophie mit Weltbildfunktion, wobei die Dimension des Selbstbewusstseins zwar beachtet, aber nicht explizit als ein Selbstverstehen des Menschen als einem Teilnehmer am Großprojekt der Menschheit erfasst wird; einer Menschheit, die sich von der Natur zum Geist hin befreit. Taylor weist darauf hin, was seiner eher historischen Lesart Hegels entspricht, dass die Philosophien der jeweiligen Epochen stets in der aktuellsten und zugleich ausgereiftesten Philosophie als Momente aufgehoben sind. Das entspricht bei Hegel aber wohl eher dem Begriff der richtigen und wahrhaften Philosophie, die in ihrer Anerkennung und Kritik der schon vorhanden Philosophien ihren Anfang nimmt und diese dann in eine komplexere und wahrhaftigere Gestalt, nämlich in das systematisch gegliederte und mit spekulativer Methode gewonnene Ganze, überführt. Ein solches Vorgehen Hegels kann man explizit dem Text „Über das Wesen der philosophischen Kritik überhaupt und ihr Verhältnis zum gegenwärtigen Zustand der Philosophie insbesondere"[45] aus dem Kritischen Journal der Philosophie in den Jenaer Schriften entnehmen. Da wo die Idee der Philosophie überhaupt vorhanden ist, da setzt dann die aktive Auseinandersetzung erst an, wobei Subjektivität und Beschränktheit, sowie der getrübte Schein der Philosophie Hauptkritikpunkte sind, an dem sich eine wissenschaftliche und objektive Philosophie abzuarbeiten habe.[46]

Taylors Hinweis auf den Fortgang und die Entwicklung der Philosophieepochen und diese Ausführungen des frühen Hegels zur Philosophiekritik zusammengenommen, erlauben eine weitere vorsichtige Aussage darüber, was der absolute Geist in seiner Bestform sein könnte: Nämlich eine solche Philosophie, die

---

44 Vgl. dazu: Taylor, Hegel, S. 674 f.
45 Vgl. dazu: G.W.F. Hegel, Jenaer Schriften, S. 171 – 187.
46 Ebenda, S. 174 f.

es vermag, ihre eigene theoretische Genese und ihre historischen Voraussetzungen, im Sinne der Vordenker, als Momente ihres eigenen Systems aufzuheben, also diese systematisch, mit Erkenntnisgewinn und mit gesteigerter Übersicht in sich zu integrieren.

Taylor schließt seine Betrachtungen zur Hegelschen Philosophie und zur Frage nach dem Absoluten mit denjenigen Abgrenzungen, gegen Fichte und Schelling, die er von Hegel übernimmt, wobei Fichte das „Ich" und damit eine abstrakte Variante des Selbstbewusstseins schlicht verabsolutiert und Schelling in seiner „intellektuellen Anschauung" eigentlich, so sie sich vollendet, eben systematisches Denken werden muss.[47] Fichtes, Schellings und auch Kants Ansichten zum Absoluten sind hier nicht Thema, aber es sind Positionen, an denen sich Hegel auf oben beschriebene Weise abgearbeitet hat. Leider wird aus diesen Ausführungen Taylors und auch aus der kurzen Anspielung auf den Nous[48] (Der Nous sei das Denken des Denkens) des Aristoteles nicht vollkommen klar, auf welche Weise Taylor nun Hegels Absoluten Geist verstehen will. Sicher ist, dass hier eine nicht weiter explizierte Form des Selbstbewusstseins gemeint ist, da das Denken des Denkens nur vom Menschen und also in Form der Reflexion erfolgen kann. Dass ein objektiv vorhandener und absolut freier Gott-Geist die Welt denkt, der sich im Menschen verkörpert und selbst erkennt, scheint in Taylors Lesart ebenso ausgeschlossen, wie die Idee, dass das Absolute schlicht das „Ich" (Fichtes) oder das „Ich denke" (Descartes) ist, welches alle Gedanken begleiten können muss. Taylor liest Hegel zuletzt so, dass der historische Kampf des endlichen Selbstbewusstseins mit dem absoluten Selbstbewusstsein zu einem versöhnlichen Ende kommt, aber er stellt das m.E. nicht deutlich genug als eine Explikation bzw. einen komplexen und multipolaren Selbsterkenntnisprozess vor, der zudem gar nicht zwingend in einer realen Entwicklungsgeschichte seinen eigentlichen Ort hat, sondern im durchdringenden und systematischen Begreifen dessen, was bereits je vorgängig, aber nur scheinbar unmittelbar vorhanden ist.

---

47 Vgl. dazu: Taylor, Hegel, S. 700.
48 Ebenda, S. 701.

3.2. Selbstbewusstsein und Selbstkonstitution

In diesem Kapitel sollen alle weiteren und im Sinne der Zielsetzung notwendigen Überlegungen zur Beantwortung der Frage nach dem, was der absolute Geist sei, zusammengetragen werden. Die einleitenden Überlegungen Robert B. Brandoms aus dem Sammelband[49] zur Philosophie Hegels, zum Selbstbewusstsein, zur Selbstkonstitution und zur Geschichtlichkeit wesentlich selbstbewusster Wesen, werden ebenso mit einbezogen, wie die Überlegungen Pirmin Stekeler-Weithofers zur Macht der Reflexion[50] in dessen Werk mit dem Titel „Philosophie des Selbstbewusstseins".

Es soll hier mit Blick auf Brandoms Textbeitrag keine ausführliche Analyse der Struktur von Wünschen und Anerkennung erfolgen, sondern die Bedeutung der Rede von der „Geschichtlichkeit wesentlich selbstbewusster Wesen" soll erfasst und in den Kontext und die Fragestellung dieser Arbeit eingearbeitet werden. Das ist für diese Arbeit sinnvoll, weil der Begriff des Selbstbewusstseins auf diese Wiese einen weiteren Aspekt hinzugewinnt. Brandom spricht in seinem Beitrag davon, dass Hegel einen großen Gedanken gedacht hat, indem er Wesen mit Selbst-Konzeptionen als abhängig von Entwicklungsprozessen begriffen hat, die eine charakteristische Struktur aufweisen.[51] Bisher wurde der Begriff des Selbstbewusstseins in dieser Arbeit zwar in vielen Kontexten verwendet und hat so einiges an Bedeutung gewonnen, aber er soll nun über Brandoms Verwendungsweise und dann mit Blick auf Stekeler-Weithofers Ausführungen auch auf die Frage nach dem absoluten Geist angewandt werden. Brandom nennt ein Lebewesen dann wesentlich selbstbewusst, wenn dessen Selbstkonzeption (dessen für sich sein) einen wesentlichen Bestandteil dessen bildet, was es wirklich ist (dessen an sich sein), wobei das Selbstverhältnis durchaus vom intersubjektiv anerkannten Verhältnis abweichen kann. Diese mögliche und vielleicht wesentliche Differenz, also die Tatsache, dass das Selbstkonzept von

---

49 Hegels Erbe, S. 46 – 77.
50 Stekeler-Weithofer, Philosophie des Selbstbewusstseins, S. 43 – 55.
51 Vgl. dazu: Hegels Erbe, S. 46.

anerkannten Formen abweichen kann, macht diese zumindest teilweise zu selbst-konstituierenden Lebewesen.[52]

Wenn solche Wesen ihre Selbstkonzeption ändern, können sie sich auch in ihrer sozial vermittelten und von An- und Aberkennungsprozessen durchzogenen Wirklichkeit verändern. Freilich sind gerade diese Anerkennungsmechanismen die intersubjektive Kontrolle darüber, was jemand wirklich ist. Wenn einer sich z.B. für „Superman" hält, wird ihm schwer ein Anerkennungsprozess glücken, er wird mit seiner Selbstkonzeption alleine und „für sich" bleiben. Aber im Rahmen einer je nach Gesellschaft „normalen" Varianz der Selbstkonzepte und des diesen entsprechenden Verhaltens, sorgt dieser Mechanismus bzw. diese soziale Praxis für die Veränderung und Selbst-Veränderung der Selbstkonzepte, die wiederum das Wesen dieser Lebewesen mitformen oder ausbilden. Diese Wesen sind also, in einer gewissen Weise und in einem bestimmten Rahmen, in der Lage ihre Selbstkonzepte untereinander an- und abzuerkennen und sich auf diese Weise selbst zu gestalten. Wenn das alles von diesem Wesen auch gewusst wird, dann ist seine „Natur" in Wahrheit eine Geschichte[53], und diese Geschichte kann nun auch unter die teilweise Kontrolle dieser Wesen kommen, wobei sie quasi zu Autoren dieser ihrer eigenen Geschichte werden. Dieses Wissen von sich selbst, ist zugleich eine Ermächtigung des Subjekts zur Selbsttransformation und Selbstschöpfung, die bei Hegel ein zentrales Element des „absoluten Wissens" ist.

Wendet man diese von Brandom und dann auch von Hegel inspirierten Überlegungen nun auf die Frage nach den drei Formen des absoluten Geistes an, könnte man zunächst sagen, dass diese Formen dann wohl auch so etwas wie freie und selbstbewusste Schöpfungen sein müssen. Die Ebene ist zunächst eine andere, nämlich das Subjekt wäre hier die Menschheit, oder eine Nation, Kultur oder Großgruppe, die in ihrer Geschichte mithilfe gewisser Institutionen einen Selbstschöpfungsprozess anstößt oder vorantreibt. Kann man dann so weit gehen, zu behaupten, dass Kunst, Religion und Philosophie, insofern sie die bloße Abfolge

---

52 Vgl. dazu: Hegels Erbe, S. 46 f.
53 Ebenda, S. 47.

der geschichtlichen Ereignisse überwinden, indem sie ein überhistorisches Ziel verfolgen, einen Selbstentwurf der Kultur bzw. der Menschheit darstellen? Ist das Verhältnis zum Absoluten dann eine Selbstschöpfung der Menschen mit den Mitteln der Kunst, Religion und Philosophie? Wie kann man das noch klarer fassen, ohne dabei wiederum zu konkret zu werden. Hier gilt es zu verstehen, was es denn bedeuten soll, dass „die Menschheit" oder ein bestimmter Kulturkreis auf eine solche Weise selbstbewusst und selbstschöpfend handelt. Es soll aber nicht vor solchen Redeweisen hier gescheut werden, denn sie können auch im Nachhinein in sinnkritischer und sprachbewusster Weise paraphrasiert und korrigiert werden.

Es soll noch darauf hingewiesen werden, dass es bei Hegel kein ungewöhnlicher Gedanke ist, dass sich der Weltgeist einer Figur wie Napoleon bedient, um eine Epoche in die nächste zu überführen. Natürlich soll hier nicht so geredet werden, sondern es muss erklärt werden, wie und ob überhaupt ein einzelner Mensch zu so etwas fähig sein kann. Der Künstler, der ein Kunstwerk schafft, der kann eine Schöpfung frei entstehen lassen. Er kann auch sich selbst und sein Leben (für sich, und auch recht leicht noch hinzu: an sich) zum absoluten Kunstwerk machen. Aber er kann nicht einfach einen Kulturkreis einer Idee folgend umgestalten, eben weil er dann viel stärker in die Sphäre des Politischen, des Öffentlichen und eben der Kämpfe um Anerkennung verwickelt wird. Hat aber nicht Jesus Christus, durch alle Vermittlungsinstanzen hindurch, und in Form der christlichen Religion, genau das getan? Nein, auch hier ist es viel komplizierter und die halbe Geschichte der Menschheit müsste hinzugedacht werden. Wobei Hegel selbst, wie bereits oben zitiert, doch betont hat, dass die Geschichte der Religion die Weltgeschichte überhaupt prägt und verstehbar macht.

Im Denken, also in der Philosophie wiederum, würde diese Freiheit zur Selbstschöpfung, zumindest zur Selbstveränderung und wenn man will zur geistreichen und selbstbewussten Evolution, dann also begriffen. So würden Wissenschaft und gemeinsame, kooperative Praxisformen zu absolutem Geist in seiner Bestform werden. Das Ergebnis wäre auf dieser Ebene wohl eine sich selbst bewusste und frei erschaffende Menschheit, die sich von der Natur und ihrem Reich der Notwendigkeit zum Reich der Freiheit und Verantwortung über eine geplante und bewusst herbeigeführte Weltgeschichte emanzipiert hätte, womit die Natur in der Menschheit zum Geist aufgehoben, befreit und vollendet wäre. Es war nun dies der Versuch, die Selbstkonstitution und das Prinzip der Selbstschöpfung Brandoms, welche zunächst auf die Subjekte zielte, auf die Menschheit zu projizieren und diese auf die drei Formen des absoluten Geistes anzuwenden. Der intersubjektive Kampf um An- und Aberkennung wäre auf dieser Ebene eine Art Kampf der Kulturen, bis an jenen Punkt, an dem diese Kulturen sich wechselseitig als freie Schöpfungen, die sich weiter selbst- gestaltend und -schöpfend fortentwickeln, anerkennen. Der absolute Geist wäre auf dieser Stufe eine Art „Weltbewusstsein", das die ganze Welt der Menschen, auf all ihren Vermittlungsstufen, vom Einzelnen bis zum Allgemeinen, als selbstschöpferiches Kunstwerk erkennt und begreiflich macht. In der Kunst und Religion gibt es diese Idee und Vorstellungen in zahlreichen Variationen, aber kann man sie auch konsistent und systematisch denken, gar verwirklichen?

3.3. Die Macht der Reflexion

Die Philosophie erkennt erst in der Rückschau, aber in dieser Rückschau liegt ihr eine Welt zu Füßen. Die Macht der Reflexion scheint daher zunächst etwas eingeschränkt, aber zugleich erhält sie durch ihren späten Zugriff auf die Wirklichkeit ihre besondere Macht und Kraft. Wenn Hegel in seiner Vorrede zu den Grundlinien der Philosophie des Rechts gleichsam poetisch wie durchdringend weise vom Grau in Grau in der Philosophie und vom Flug der Eule der Minerva spricht[54], so ist das für das Ziel dieser Arbeit ein passendes und einleitendes Bild, welches die Richtung anzeigt, in die nun weitergedacht werden soll.

Die Eule der Minerva, Sinnbild für die Weisheit und für ebendiese besondere Macht und Stellung der philosophischen Reflexion, beginnt ihren Flug erst beim Einbrechen der Dämmerung. Auch von diesem Bild aus, aus dieser zunächst noch eher weltanschaulichen und sehr weiten Perspektive, kann man versuchen, eine Antwort auf die Frage nach dem Wesen des absoluten Geistes zu geben. Der absolute Geist in seiner vollkommenen Form ist die Philosophie, weil sie als das Selbstbewusstsein auch der Wissenschaft(en) selber, das Denken und Handeln bedenkt und reflektiert, weil sie ferner das Ganze einer Welt zu denken versucht und dabei um die Beschränktheit dieses Denkens, wie um seine Macht weiß. Beschränkt bleibt ein Denken, welches auf das Ganze der Welt und also auf die Orientierung des Menschen zielt, weil dieses Denken sich je in einem Menschen vollzieht. Mächtig ist es, weil in diesem Denken, in dieser Art von Denkversuchen, ganze Kulturen, Epochen, eine Weltgeschichte, und also ein von mehr oder minder reicher und vielfältiger Bildung durchdrungenes Weltbild anwesend ist.

Stekeler-Weithofer weist in seinem Kapitel „Die Eule der Minerva oder die Macht der Reflexion"[55] einleitend darauf hin, dass der Begriff der Reflexion im Sinne von „reflectere animum", also als eine Rückwende der Aufmerksamkeit zu verstehen sei. Der scharfe Weitblick und die besondere Fähigkeit zum Rückblick werden als

---

54 Vgl. dazu: G.W.F. Hegel, Grundlinien der Philosophie des Rechts, S. 28.
55 Vgl. dazu: Stekeler-Weithofer, Philosophie des Selbstbewusstseins, S. 43.

Eigenschaften, sogar als klassische Tugenden, vorgestellt und die Philosophie wird, unter Rückgriffen auf Klassiker wie Sokrates und Platon, mit dem Phänomen des Wiedererinnerns verglichen bzw. angeglichen. Außerdem wird der Philosophie als Reflexion der Zweck und Sinn einer gewissen Distanzierung von zu dogmatischen, ideologischen und auf sonstige Weisen beschränkten Formen des Denkens und Handelns zugewiesen.[56] Stekeler-Weithofer spricht dann explizit von einer Ambivalenz bzw. von einem Widerspruch zwischen Ohnmacht und Macht der Reflexion[57], der einleitend bereits angedeutet wurde, über den es aber noch zu reflektieren gilt.

All dieses Material soll nun auf die Frage nach dem absoluten Geist in Form der Philosophie angewandt werden. Dabei soll auch die Frage nach der Rolle des Selbstbewusstseins und Selbstwissens mitgeführt und inhaltlich angeschlossen werden. Brandoms Perspektive der lebendigen und sich wandelnden Selbstkonstitution soll ebenfalls nicht außer Acht gelassen werden. Es soll dabei beachtet werden, dass hier immer zwei Ebenen in enger Wechselwirkung stehen: Die Ebene des Selbstverstehens oder Selbstbewusstseins und die Ebene der Aufgabe der Philosophie als Wissenschaft der Übersicht. Der absolute Geist als Philosophie hat ja ebenfalls diese zwei Ebenen oder diesen „doppelten Ort", einmal in der Institution und Praxisform der Wissenschaft Philosophie, und ein anderes Mal im daran teilnehmenden und dies wissenden Individuum. Es ist hier nun wieder ein Antwortversuch auf die Frage nach dem, was der absolute Geist sei, auf einer allgemeinen Ebene erfolgt. Auch auf die Frage nach seinem Ort gab es eine erste Annäherung. Im Menschen, der im Sinne des absoluten Geistes arbeitet, der also philosophisch aktiv ist, realisiert sich die Gestalt des absoluten Geistes als absolutes Wissen, welches wieder ein Selbstwissen oder Selbstbewusstsein im Sinne der Einheit und Identität des Einzelnen mit dem Allgemeinen ist, oder: Der sich als ein vergemeinschaftetes Lebewesen begreifende einzelne Mensch, der die Totalität seiner gemeinsamen Bezüge nicht mehr nur glaubt, sondern auch weiß und also

---

56 Vgl. dazu: Stekeler-Weithofer, Philosophie des Selbstbewusstseins, S. 43 – 45.
57 Ebenda, S. 46.

auch explizit machen kann. Dessen Taten sind dementsprechend im höchsten Maße zugleich selbst- und weltbewusst und erfüllen so einen Begriff des Selbstbewusstseins, der, wie es wohl auch Stekeler-Weithofer im Kontext der Reflexion als Selbsterkenntnis kritisch anmerkt[58], nicht nur eine Selbstbespiegelung und private Selbsterkenntnis meint, die darunter oft verstanden wird.

Die Analysen der Voraussetzungen unseres Redens und Handelns sind als Reflexion und Spekulation notwendig für ein voll entwickeltes Selbstbewusstsein, wie es im Verlauf dieser Arbeit entwickelt wurde. Es sei hier auch noch einmal darauf verwiesen, dass ein autonomer und selbstbewusster Mensch darauf angewiesen ist, die nur gegebenen Theorie- und Praxisformen nicht nur zu kennen und zu reproduzieren, er muss sie, unter Rückgriff auf die Formen und Inhalte der Tradition und seiner eigenen Kreativität, auch variieren und modifizieren können, sonst ist dieser Mensch neuen Herausforderungen nicht gewachsen. Was für diesen Menschen gilt, gilt freilich in abgewandelter Form auch für Institutionen und speziell auch für die Philosophie.

Der absolute Geist ist so auch Teil eines Bewusstseins von der Freiheit und der Möglichkeit des Zukünftigen, nicht als konkreter Inhalt, sondern als ein Übersichtswissen, welches ermächtigt, welches mit dem noch teilweise Unbekannten oder dem Absoluten versöhnt, weil es ja in der Rückschau ebensolche Prozesse erkannt und verstanden hat, so erzeugt es auch eine hoffende und zu Teilen auch wissende Form des Selbstvertrauens und der Zuversicht, womit eine gewisse Verbindung zwischen dem elaborierten, philosophischen Selbstbewusstseinsbegriff und der allgemeinen Rede von Selbstbewusstsein hergestellt ist, die oft gar nicht beachtet wird, da man sich auf die Differenzierung dieser Begriffe voneinander beschränkt.

Die Macht der Reflexion ist verbunden mit einem Gewinn an Welt- und Selbstbewusstsein und gehört wesentlich zum absoluten Geist in Form der Philosophie. Diese Form des absoluten Geistes ist auch ein Nachdenken und Ordnen unserer Formen der Rede, des Handelns und der Praxen, wobei sie auch

---

58 Vgl. dazu: Stekeler-Weithofer, Philosophie des Selbstbewusstseins, S. 47.

vorausgesetzte und vielleicht ungeprüfte Inhalte und Rahmenbedingungen expliziert.[59] Hegels spekulative Philosophie wird hier zur nachträglichen und distanzierten Präsuppositionsanalyse, was, wie bereits erklärt und wenn man so reden will, zugleich ihre Ohnmacht und ihre Macht bestimmt.

Die Macht der Reflexion als Kritik an unbegriffenen Unterstellungen, z.B. auch in der Wissenschaft, ist ebenso wichtig für eine autonome Handlungskompetenz, wie das Lernen und Einüben vorgegebener Verhaltensschemata und Fakten. Weshalb es im Sinne einer orientierten und selbstbewussten Wissenschaft immer um mehr gehen muss, als um das Ansammeln und Verwalten von möglichst viel Wissen, sonst ist dieses geistlose Reproduzieren und Sammeln auch gar keine Wissenschaft.[60] Es bleibt weiterhin das Problem der vielen Ebenen bestehen, auf die man diese Erkenntnisse nun fruchtbar anwenden kann, denn die Macht und Kraft der Reflexion schlägt auf alle Ebenen des menschlichen Lebens durch. Sie entfaltet ihre orientierende und Selbsttransparenz herstellende Kraft im einzelnen Menschen, wie auch in den Einzelwissenschaften, oder eben als Reflexion auf eine Epoche oder die Weltgeschichte. Im Sinne dieser Arbeit sollen all diese Ebenen, auch in ihrer teilweisen wechselseitigen Durchdringung, erwähnt und auch bewusst sein, nämlich sozusagen als der Spielraum der Antwort auf die Frage nach dem was der absolute Geist denn nun eigentlich sei. Auch aufgrund dieser enormen Bedeutungsreichweite dieser Fragestellung ist eine Antwort außerordentlich schwierig, wenn man zugleich exakt und doch allgemein antworten will. Man scheint hier einen Widerspruch aus Exaktheit und Allgemeinheit denkend ausführen zu wollen, der sich aber zugunsten einer groben Orientierung und auf Kosten der Exaktheit auflösen lässt. In diesem Sinne und mit all den mitgeführten Überlegungen zur Selbstkonstitution, zur Selbsttransparenz, zum Selbstbewusstsein und zur Macht der Reflexion, soll nun noch einmal die Best- oder Höchstform des absoluten Geistes mit dem Quelltext Hegels interpretiert werden, damit die Rückbindung dieser Betrachtungen am Originaltext expliziert und so auch überprüft werden kann.

59 Vgl. dazu: Stekeler-Weithofer, Philosophie des Selbstbewusstseins, S. 49.
60 Ebenda, S. 55.

3.4. Was ist der absolute Geist?

Der absolute Geist in seiner adäquatesten Form ist die spekulative Philosophie, nämlich als eine Praxis der Explikation der Wissensformen und des Selbstwissens des Menschen, zum Zweck der Orientierung und damit als die Voraussetzung einer freien und autonomen Lebensform. Das Ziel ist also das Wesen des Geistigen selber: Freiheit. Die Verwirklichung dieser Freiheit ist der Weg über die Stufen des Geistes bis zur vollkommenen Selbsttransparenz, wobei dieser Weg zugleich als Abfolge wie auch als Explikationsstufe zu begreifen ist. Seine Logik ist gleichsam zeitlos, seine Erscheinung und sein Verwirklichungsgrad sind abhängig vom Bildungsstand des Menschen und dessen Epoche. Der Geist kommt so zuletzt denkend, also im und durch den Menschen, zu sich selber, indem er die durch Unwissenheit entstandene Entfremdung mit sich und der Welt in ein voll entwickeltes Selbstbewusstsein aufgebt. Er ist so, im Menschen (oder in jedem weiteren Lebewesen, welches zu begrifflichem und systematischem Denken imstande ist) durch die Natur hindurch gegangen und zum freien Geist aufgestiegen, ist also verwirklicht als ein selbstbewusstes und selbstschöpferisches Naturwesen.

So ist auch, wenn man das etwas provokant und abkürzend ausdrücken will, die Welt in diesem Wesen sprechend und denkend zu Geist geworden. Die übermächtige Welt, die zuvor als undurchsichtiges und unübersichtliches Ganzes dem Menschen als ein gewaltiges Objekt, oder noch genauer als abstrakter „Behälter" für alle Objekte, gegenüber war, ist der gebildeten und durchdringenden denkenden Kraft des Subjekts nicht gewachsen und wird immer weiter erschlossen, wobei durch das Bedenken dieses Blickes auf die Welt sich das Denken selber denkt und zum transparenten Selbstbewusstsein und Weltbewusstsein wird. Es entdeckt sich also das Denken selbst und zugleich in den Objekten vermittelt und entzaubert so deren vermeintlich absolute Eigenständigkeit, was einen besonders aufklärenden Effekt hat, wenn einige dieser Objekte auch noch durch den Menschen geschaffene Selbst- und Götterbilder sind, die durch eine richtige Betrachtung ihrer Genese und den wahren Kontext ihrer Produktion auch als solche wiedererkannt werden. Man könnte etwas pathetisch auch sagen, dass das Subjekt mit diesem Erkenntnisgewinn, im Sinne des Selbstbewusstseins, hier die Wahrheit seiner Schöpfungskraft aus den Objekten zurückgewinnt. Die Distanz zwischen Subjekt und Objekt wird hier in besonderem Maße im Selbstbewusstsein aufgehoben. Ein treffendes Bild für diese Verwirrung wäre wohl ein an seinem Kunstwerk tätiger Künstler, der nach getaner Arbeit gleichsam selbstvergessen sein Kunstwerk als Objekt verehrt und bewundert und nicht etwa seine eigene Kunstfertigkeit. Aber seine Kunstfertigkeit und Schöpferkraft wäre zu bewundern, die im Kunstwerk nur ihren Ausdruck findet, welcher aber auf das tätige Subjekt zurückweist. Noch öfter geschieht solches wohl bei Kirchenbauten, Heiligenbildern und vielen ähnlichen Objekten mehr. Die bohrende Frage müsste hier sein: Woher kommt denn die Erhabenheit solcher Objekte?

Aber hier soll nun nicht dieser Fehler als plumpe Antithese zum Beschriebenen wiederholt werden, indem nun etwa der einzelne Mensch als absoluter Schöpfer überhöht würde, denn es ist wichtig zu sehen, dass die kleinsten und auch die größten Schöpfungen des Menschen intersubjektive und kooperative Projekte sind. Noch der talentierteste Maler steht in einer Tradition der Malerei und hatte seine Lehrmeister. An diesem Beispiel zeigt sich wunderbar, wie eng das richtige Selbstbewusstsein im Einzelnen mit der Macht der Reflexion und der Frage nach dem absoluten Geist verbunden ist. Denn die Wahrheit des Selbstbewusstseins erschließt sich nur als Reflexion auf die Tradition und die sonstigen Kontexte in denen es sich bewegt. Der absolute Geist entdeckt hier die Verbindungen des einzelnen Menschen mit der Bildung und Kultur der Tradition, oder sogar der Menschheit.

Das alles ist auch im Sinne der lebendigen Schöpferkraft des Menschen und der Menschheit absolut praktisch, da sich nämlich eine mehr oder weniger begriffene Welt mehr oder weniger gut bewahren, verändern und sogar verbessern lässt. Aber nun genug von diesen allgemeinen, atmosphärischen und ausgewählten Vorüberlegungen und auf zur primären Textquelle.

Hegel gibt im ersten Paragraphen zur Philosophie als Gestalt des absoluten Geistes eine Zusammenfassung dessen, was diese Philosophie für eine Wissenschaft ist. Nämlich die Einheit von Kunst und Religion, die die wesentlichen Eigenschaften beider Gestalten in sich kombiniert und so erst deren Anlagen zur Anschaulichkeit und den Bezug auf das Ganze und Absolute im selbstbewussten Denken vollendet. Das Wissen, welches dabei entsteht, ist der denkend erkannte Begriff der Kunst und Religion, in diesem Begriff sind die Unterscheide beider Erscheinungsweisen des absoluten Geistes als notwendig und zugleich frei erkannt.[61] Die Philosophie als Bewegung verbindet den Blick aufs Ganze mit sinnlicher Ausdrucksstärke und stellt den Mensch in ein gewusstes Verhältnis zum Absoluten, dabei muss sie nur auf ihr eigenes Wissen zurückblicken. Diese „Bewegung" der Philosophie, wie auch die Bewegung der Begriffe, sollen, wie bereits mehrfach in dieser Arbeit gesagt, als Explikationsbewegung verstanden werden. In diesem Sinne macht dann die Philosophie nur noch explizit, was die Religion und Kunst sind und auf welche Weise hier der der Mensch auf das Absolute bezogen ist. Der absolute Geist ist hier das systematische und selbstbewusste Erfassen des in diesen Gestalten schon Vorgängigen.

Eine andere Möglichkeit, etwas über den absoluten Geist in Erfahrung zu bringen, ist, zu fragen, für welches Problem die Formen des absoluten Geistes eine Lösung sind und warum nur die Philosophie eine adäquate Lösung ist. Es zeigt sich hier die Frage nach dem Absoluten als eine erkenntnistheoretische Frage, nach der zutreffenden Methode für letzte oder allgemeinste Wahrheiten.

Wenn man die drei Gestalten des absoluten Geistes als Versuche des Menschen betrachtet, sich über die Naturbestimmungen hinaus, eben dann auch als geistiges Lebewesen, einen Sinn zu geben, so ist es wiederum nur die Philosophie als Wissenschaft, die diese Bestimmungen systematisch ordnen und einsichtig machen kann, auch wenn hier der Begriff der Natur hinter die vorher skizzierte Identität von Natur und Geist im Menschen zurückfällt. Wenn Hegel in § 574 vom Zurückkommen der Wissenschaft spricht und vom Übergang des Logischen zum Geistigen, so könnte doch damit auch diese Bewegung gemeint sein, nämlich der Durchgang der logischen Idee durch das Reich der Naturgestalten, bis hin zur vergeistigen Natur im Menschen und noch genauer ihr Zielpunkt im

---

61 Vgl. dazu: G.W.F. Hegel, Enzyklopädie III, S. 372 f.

intersubjektiven Projekt der philosophischen Wissenschaft, wo auch die Wahrheit ihren rechten Ort hat. Hegel spricht dann in § 575 explizit davon, dass das Logische zur Natur und die Natur zum Geiste wird.[62] Im Sinne dieser Arbeit soll das so verstanden werden, dass die Philosophie als Wissenschaft expliziert, was in der Natur zunächst nur einfach da ist. Auf diese Weise kommt das Logische, vermittelt durch die Natur und genauer im Menschen, zu sich zurück. Das Denken durchdringt die Natur- und Kulturformen und offenbart das Weltgeschehen als vom Geist durchdrungen, die vormalige Gegebenheit der Natur und Kultur, der Welt, erweist sich als bloß sinnlicher Anfang des werdenden Wissens. Das Denken im „Großen Stil", wie es Stekeler-Weithofer in seinem Werk „Sinn" in einer Überschrift betitelt, ist das Offenlegen der allgemeinen Ideen, in welche jede sinnliche Erfahrung und alles Einzelne vermittelt ist und das vormalige „gegenstandsorientierte" Denken muss sich dann auch selber, in seiner Beschränktheit und in seinen Voraussetzungen, bedenken üben.[63] Dieses Denken übernimmt in den Wissenschaften die Rolle einer in einem gewissen Sinne kritischen Wissenschaftstheorie, weil es die Einzelwissenschaften an ihre eigenen Voraussetzungen „erinnert" und weil es prüfen kann, ob die Geltungsbereiche der Teilwissenschaften vielleicht zu Unrecht und ohne Berechtigungen überschritten wurden. Der absolute Geist ist also auch eine in diesem Sinne anerkennende und zugleich kritische Wissenschaft, die verschiedene Geltungsbereiche von wissenschaftlichen Teildisziplinen überblicken kann.

Zudem leistet sie mit ihrer Selbstreflexion der Praxisformen, also durch entdeckende Erzeugung des Selbstwissens und Selbstbewusstseins, eine Entmystifizierung gewisser Redeweisen und gibt ihnen so einen neuen Sinn, bzw. gibt sie diesen Redeweisen ihren eigentlichen Sinn zurück. Die Rede über Gott oder Götter, und überhaupt viele theologische Redeweisen, werden, auf diese Weise reflektiert, zu einer Rede über den Menschen und dessen beschränkte Fähigkeiten im Angesicht einer Idee von Allwissenheit und Allmacht.[64] Der absolute Geist im

---

62 Vgl. dazu: G.W.F. Hegel, Enzyklopädie III, S. 393 f.
63 Vgl. dazu auch: Stekler-Weithofer, Sinn, S. 184 ff.
64 Ebenda, S. 186.

Sinne eines solchen Ansatzes ist eine Absage an die Gottähnlichkeit des Menschen und an den Glauben an die Möglichkeit absolutes Wissen zu erlangen. Hegels Philosophie als vollendete Form des absoluten Geistes zielt dabei genau auf eine Selbsterkenntnis des Menschen, welche einen verkürzten und zu bescheidenen Begriff von dessen Fähigkeiten ebenso zurückweist, wie eine nur geglaubte oder aus Unwissenheit und mangelhaftem Selbstbewusstsein resultierende Überhöhung desselben. So gewinnt der Mensch durch die Reflexion auf seine endliche und beschränkte Form seine wirklichen und beachtlichen Erkenntnisfähigkeiten zurück, indem er zum Selbstwissen und Selbstbewusstsein kommt, wobei eine falsche Bescheidenheit, wie eine falsche Überheblichkeit in der Wahrheit des Selbstbewusstseins aufgelöst wird.

Die spekulative und am Selbstwissen und Selbstbewusstsein orientierte Philosophie hat insbesondere und im Sinne dieser Arbeit ihre besondere Stärke und ihren kritischen Nutzen darin, dass sie das Umkippen der Einzelwissenschaften in ihren Tendenzen zur Verabsolutierung ihrer partikularen Erkenntnisse verhindern kann. Man kann hier z.B. an gewisse Redeweisen aus den Neurowissenschaften (zugegeben, häufiger im populären Wissenschaftsjournalismus) denken, in denen bunte Bilder vom Inneren des Gehirns mit Gedanken identifiziert werden, wobei durch eine immanente Kritik sehr schnell zu zeigen wäre, dass die bunten Bilder nur jene Stellen ausweisen, in denen Sauerstoff in Gehirnaktivität umgesetzt wird. Der absolute Geist als Philosophie ist hier in seiner kritischen und logischen Funktion veranschaulicht und geht mit Bildung und Übersicht gegen die Beschränktheiten und Überziehungen von Wahrheitsansprüchen und Geltungsbereichen vor.

Was ist nun aber der absolute Geist in seiner Bestform für einen einzelnen Menschen? Er ist in diesem Kontext das Mittel zur Explikation des Selbstbewusstseins und damit die Voraussetzung für die fortgeschrittene Teilname des Menschen an seiner Kultur und soziopolitischen Umwelt. Auch im kritischen Sinne ist die Macht der Reflexion der Schlüssel zu eigenen Formen und Lösungsstrategien verschiedenster Probleme. In Bezug auf die selbst-konstitutiven Fähigkeiten des Menschen ist er die notwendige Bedingung, denn ohne die Erkenntnis der eigenen Wandelbarkeit und dem Wissen um die intersubjektive und kooperative Anerkennung und Umsetzung der Ideen und Entwürfe von sich selbst, bleibt der einzelne Menschen in seinen vorgelebten und vorgegebenen Rollenbildern und Anerkennungsverhältnissen stecken. Allerdings werden diese „absoluten" Fähigkeiten und Kompetenzen zur Selbstschöpfung eben auch tradiert, vorgelebt und als Wissen vollendet.

Zusammenfassung und Schluss

Die drei Formen des absoluten Geistes, ausgehend von einer Auswahl der Perspektiven Taylors auf diesen Stoff, sind nun in ihren je spezifischen Erscheinungsformen vorgestellt, analysiert und in ein Verhältnis zueinander gebracht. Zudem wurde die Philosophie unter Rückgriffen auf verschiedene Ansätze als die freieste und adäquateste Gestalt des absoluten Geistes ausgewiesen, wobei die Methode ein stetiges Einkreisen dieses Sachverhaltes war und nicht ein mathematisch exaktes Bestimmen und Rechnen. Es erfolgten immer wieder Wechsel der Blickrichtung und der Anwendungsebenen des erarbeiteten Wissens und Überblicks, was für einen vielgestaltigen und aspektreichen Blick über das Thema, auch im Sinne der selbst-konstituierenden und selbst-schöpferischen Fähigkeiten des Menschen, gesorgt hat.

Vielleicht ist der Preis für die Bearbeitung eines solch weiten und vielschichtigen Stoffes ein gewisser Mangel an Klarheit der eigenen Position, vielleicht ist die Arbeit darum an einigen Stellen sehr allgemein und nicht immer anschaulich und analytisch genug ausgefallen, wobei Anschaulichkeit auf diesem hohen Abstraktionsgrad doch gerade eine Leistung der spekulativen Philosophie sein sollte. Es ist hoffentlich dennoch und trotz dieser gewaltig großen Fragestellung und der vielen Perspektiven und Deutungsversuche gelungen, die selbstgesteckten Ziele zu erreichen und einen interessanten und orientierenden Überblick, mit zahlreichen Verweisen und einem möglichst hohen Vernetzungsgrad der verschiedenen Ansätze und Blickwinkel, zu erzeugen.

Die Frage nach dem, was der absolute Geist sei, ist gleich mehrfach und auf verschiedene Weise beantwortet worden, dabei sind die Antworten notwendig in ihre Momente zerfallen, je nachdem, wie und nach welcher Seite man diesen komplexen Stoff aufzulösen versucht hat. Es wäre geradezu ein Rückschritt in der Erkenntnis, nun hier ein Endergebnis dieser vielschichtigen Überlegungen präsentieren zu wollen und dennoch wird in der Regel erwartet, dass genau dies geschieht. Im Sinne des absoluten Geistes wäre es, dies durch einen metastufigen Kommentar explizit zu machen und dabei zu wissen was man tut, oder was man lieber lassen sollte. Im Sinne des absoluten Wissens müsste dem Autor wie auch dem Leser bewusst sein, dass eine Zusammenfassung in diesem Fall nicht leisten kann, was ihren Begriff über seine Grenze treibt, denn der absolute Geist ist gerade Explikation und Reflexion, er steht also im Widerspruch zur Form einer bloßen Zusammenfassung und kann hier nicht erscheinen. Da ist sie wieder, die Ohnmacht der Reflexion, die zugleich ihre Macht ist, wenn sie sich nicht falschen und beschränkten Formen unterwirft. Und darum ging es doch die ganze Zeit, um die Adäquanz und um das Denken des Denkens, welches im Selbstbewusstsein eine Gestalt findet, die es dann auch vermag den Menschen, so er sich erst selbst begriffen hat, an die richtige Stelle in der Welt zu stellen. Im Sinne der Bestform des absoluten Geistes wäre das die Aufgabe des Denkens und nicht die Aufgabe der Kunst oder Religion, weil diese aufgrund ihrer inhärenten Strukturen an diesem Anspruch scheitern müssen, insofern sie sich in ihrer Wirklichkeit von ihren philosophischen Gehalten lossagen würden.

Die enorme Bedeutung des absoluten Geistes als Reflexion und Selbstreflexion wurde für den einzelnen Menschen und auch für die Wissenschaft angezeigt, wobei die Frage nach der Orientierung, des Selbstverstehens und der Freiheit zentral waren. In all diese Sachverhalte ist der absolute Geist vermittelt und er ist als systematische Philosophie auch immer seine eigene Explikation. So ist der absolute Geist in seiner Bestform das Selbstbewusstsein der Philosophie als Wissenschaft, eine zu sich selber kommende und sich selber genießende Idee. Und wenn die Menschheit aus sich selber einst ein wirklich selbstbewusstes Kunstwerk schöpfen will, so muss sie diese aufs Ganze gehende Philosophie, dann erst die Religion und Kunst und was da noch so alles zu Teilen selbstvergessen wuchert, wächst und blüht, um die Einheit von rechter Übersicht und Innenschau anhalten. Denn das Anhalten und Innehalten ist der Umschlag nicht nur jedes Atemzugs, sondern im Denken und Tun ist es der Anfang der Reflexion und auch der Freiheit.

Literaturliste

G.W.F. Hegel, Phänomenologie des Geistes, Werke 3, Suhrkamp 1986

G.W.F. Hegel, Enzyklopädie der philosophischen Wissenschaften III, Werke 10, Suhrkamp 2014

G.W.F. Hegel, Vorlesung über die Ästhetik, Werke 13, Suhrkamp 1986

G.W.F. Hegel, Vorlesung über die Philosophie der Religion, Werke 16, Suhrkamp 1986

G.W.F. Hegel, Jenaer Schriften, Werke 2, Suhrkamp 1986

Charles Taylor, Hegel, Suhrkamp 1983

Pirmin Stekeler-Weithofer, Philosophie des Selbstbewusstseins, Suhrkamp 2005

Pirmin Stekeler-Weithofer, Sinn, De Gruyter 2011

Halbig – Quante – Siep (Hgg.), Hegels Erbe, Suhrkamp 2004

Walter Jaeschke, Hegel Handbuch, Leben - Werk - Schule, J.B.Metzler 2010

Gerhard Gamm, Der Deutsche Idealismus, Reclam 1997